最短10時間で9割とれる
共通テスト古文の
スゴ技

渡辺 剛啓
Takehiro Watanabe

＊本書は、2015年に小社より刊行された
『最短10時間で9割とれる センター古文のスゴ技』に
大幅な加筆・修正を加えた、共通テスト対応リニューアル版です。

はじめに

共通テストは「スゴ技」で突破できる！

この本は、**「大学入学共通テスト」対策に特化した参考書**です。新しく始まる共通テストの対策に困っている受験生の皆さんの力になりたい！という気持ちを、そのまま書籍にしたものです。入試制度が変わってしまい、過去問もない中で志望校合格を目指している皆さんは「いったいどうしたらいいんだ！」と悩んでいるのではないでしょうか。

でも、よく考えてほしい。入試制度が変わろうが、「古文」を読んで、制限時間内に設問に答えるということは変わらないですよね。だから、ちゃんとした学力をつけて、要領よく解くための方法を知っていれば、大丈夫です。本書では、時間のない受験生にも合格への最短ルートが辿れるように、**「デキる受験生の思考回路」を公式化した「スゴ技」**を紹介します。

この本を世に出すにあたって僕が気をつけたことは、**①とっつきにくい「古文」という科目をやわらかく語る**、**②受験生の負担になるような無駄なテクニックは一切排除する**、**③誰でも使いこなせるものにする**、ということです。

この本に書かれていることは「要領よく解き方がうまい受験生の発想をメソッド化した『正攻法』の勉強法」です。だから、**誰でも使いこなせます。**

この本を学び終えたあなたは、『スゴ技』という正しい方法を学んだ受験生です。その力を本番で生かすも殺すも自分次第。そのうえで「単語」や「文法」などの基礎知識を補強しておけば、**共通テストは全然怖くない**！ この本を読んでくれたあなたが、本番で目標点がとれるように祈っています。

この本を世に出すにあたり、（株）KADOKAWAの佐藤良裕《さとうよしひろ》さん、相澤尋《あいざわひろ》さんには編集の過程で大変お世話になりました。お二人の力がなければ、『スゴ技』を再び世に出すことはできなかったと思います。また、本書の基盤となるセンター試験版を執筆するきっかけを与えてくれた友人、（株）士教育代表取締役の犬塚壮志《いぬつかまさし》さんに深甚の謝意を表します。

渡辺 剛啓

目次

はじめに 002

0時間目 本書の使い方 006

〈基礎徹底編〉

1時間目 補いながら読め！ 012

2時間目 「文法」の森で迷わないために 020

3時間目 「文法問題」に怯《ひる》むな！ 042

4時間目 「敬語」がわかれば読解もバッチリ！ 052

5時間目 「語句問題」に潜む意外な落とし穴！ 068

6時間目 「和歌解釈」の必勝ポイントはココだ！ 088

〈共通テスト実戦編〉

作戦会議 共通テストに挑め！ 110
7時間目 「心情把握問題」では主観をはさむな！ 114
8時間目 選択肢を見極めろ！ 138
9時間目 「会話文」「引き歌」をマスターせよ！ 152
10時間目 本番への実戦トレーニング 166
おわりに 188
巻末資料① 共通テスト必修「単語」 192
巻末資料② 共通テスト必修「敬語動詞」 198
巻末資料③ 共通テスト必修「掛詞・枕詞」 200

0時間目 本書の使い方

あらためて、本書を手に取ってくださりありがとうございます。実際の古文の勉強に入る前に、どういう風にやっていけば「共通テスト」の古文を突破できるのか、**本書の使い方のコツ**をご紹介しますね。

まず、皆さんに求められていることは、**「古文を正確に読み」**、**「設問の指示に従って正しく解答する」**こと。これを、20分という制限時間内に終わらせる必要があります（時間配分には個人差がありますが、20分を超えてしまうと現代文・漢文の時間を圧迫してしまう恐れがあるのでおすすめできません）。

そのためには、**①読む技術を身につけ**、**②文法・単語を覚えて**、**③解答をすばやく選ぶコツを身につける**ことが大切です。本編と巻末資料を最後まで読むことで、それらを効率よく身につけることができますよ。

6時間目までで基礎力を身につけること！

本書は、6時間目までを「**基礎徹底編**」、7時間目以降を「**共通テスト実戦編**」としています。6時間目までに基礎を固めること！　ここまでの内容をしっかりと身につければ、共通テストだけでなく、**二次試験や私大の入試でもきっと役に立ちます**。

まずは、1時間目「**補いながら読め！**」で、**古文を読むための基本ルール**を身につけてもらいます。「単語をつなげてフィーリングでなんとなく読んでいる」人は、文法を闇雲《やみくも》に暗記しようとしただけで「読み」に活《い》かされていないのが問題。この時間で、読むための基本ルールを確認してみましょう。

2時間目「**『文法』の森で迷わないために**」と3時間目「**『文法問題』に怯《ひる》むな！**」では、読むときや解くときにポイントとなる「文法」を紹介します。**まだ助動詞活用表が完全に覚えられていない状態でも構いません**。**まずは通読してみてください**。打消・完了・自発・可能・受身・尊敬・断定・伝聞推定のなどの難しそうな助動詞が登場しますが、いままで真面目に文法を学んでみても文法のポイントがつかめなかった人や、現時点での文法力がゼロに近い人も**「あ、助動詞や助詞をこういう風に訳すんだ」**とわかってしまえば、**「じゃあ、活用はこういうところに注意だな」**という風に「暗記のポイント」がわかります。そこからやり直してみると、古文の学習を違う視点から見ることができますよ。

4時間目「**『敬語』がわかれば読解もバッチリ！**」では、古文読解で重要な「敬語」についてゼロから説明します。**敬語がわかると、文法問題が解けたり、読解するうえで主語を明確におさえられたりといいことばっかりです。**いままで敬語を避けていた人も、この時間で共通テスト対策に必要な敬語をしっかりとおさえることができます。

5時間目「**『語句問題』に潜む意外な落とし穴！**」では、定番の「語句問題」でひっかかるポイントについて、**6時間目**「**『和歌解釈』の必勝ポイントはココだ！**」では、いよいよ**「和歌」**について説明します。「和歌」は受験生がみんな苦手とするところで、共通テストでは要注意です。**和歌について理解を深めれば、大半の受験生に差をつけることができます！**　わかりやすく解説するので、しっかりと読んでください！

7時間目から「共通テスト」対策の極意を伝授！

いよいよ「**共通テスト実戦編**」に突入します。「**共通テストとはどういう試験なのか**」を理解するために、まずは「**共通テストに挑め！**」（110ページ）を読んでみてください。どういう出題が予想されるかなどを説明しました。ここで、共通テストについての理解を深めてくださいね。

7時間目「**『心情把握問題』では主観をはさむな！**」では、センター試験の過去問を利用して「心情把握問題」の考え方・解き方を、8時間目「**選択肢を見極めろ！**」では、2018年度に実施された「**大学入学共通テスト試行調査**」を利用して、センター試験との違いなどについて注意しながら、共通テストの対策を考えていきます。共通テストは、まだ実施されたことのない未知の試験。でも、「試行調査」から本番の姿を占うことができます。

9時間目「**『会話文』『引き歌』をマスターせよ！**」では、引き続き「試行調査」を利用して、共通テストで最も警戒したい「**教師と生徒の会話文**」「**引き歌表現についての考え方**」を解説します。**共通テストの勝敗を分ける一問**になるかもしれませんので、しっかり読み込んでくださいね。

10時間目「**本番への実戦トレーニング**」では、**共通テスト対策のためのオリジナル問題**を用意しました。本番のつもりで20分で演習し、解説をしっかりと読んで総仕上げとしてください。最初から高得点が取れなくても大丈夫！　その後、復習して自分の足りないところを本番までに補いましょう!!

巻末資料・単語集も利用して語彙《ごい》力を強化すること

巻末資料「共通テスト必修単語」や手持ちの単語集などを利用して語彙力を強化すること！**特に、高校二年生などまだ比較的時間のある人は、語彙力と文法力の強化から入ると本書の効果が格段に増します！**

どんな素晴らしい「読み方」「解き方」を知っている人でも、**単語一つわからなかったために試験で泣くことも……**。読解をするうえで語彙力がなければ宝の持ち腐れ。時間のない人も、スキマ時間を使って**語彙力の強化は最後の最後までやり続けること**。

では、これから「共通テスト対策」を完璧にしていきましょう。時間に余裕がある人は6時間目終了時点で一度立ち止まり、そこまでの内容が理解できているかの確認をするといいでしょう。時間のない人は、一気に本書を通読すること。健闘を祈ります！

1時間目

補いながら読め！

古文を正しく読むためにはどうしたらよいか？

この本を手に取ってくれた皆さんは「共通テスト対策のために古文をなんとかしよう！」と思って手に取ってくれたのだと思います。最後まで読めば、きっと共通テストで目標点がとれます。でも、ちょっと待ってほしい。「古文を読む」ということに関しては、「共通テストの古文」も「東大の古文」も「早稲田大学の古文」も「教科書の古文」も同じです。まずは、どんな古文にも対応できる「基礎的な読み方」から身につけよう。

助詞を補ってみよう

次の二つの文を現代語訳してみてください。

① 竹取の翁《おきな》といふ者ありけり。

② 暁《あかつき》に船出《い》だす。

どちらもそんなに難しい文法・単語はありませんよ。①には「けり」という単語がありますが、これは過去の助動詞です。②の「暁」は「夜明け前」と訳せばOK。訳してみましょう。

① 竹取の翁という者が|いた。
② 夜明け前に船を|出す（＝出発させる）。

皆さんは、きっと意識せず自然に**「者が|」「船を|」と助詞を補った**のではないでしょうか。

それでいいのです。古文では助詞の「が」「を」などがよく省略されます。省略されているのだから、現代語に訳すときには補わないとダメなんだ。これは当たり前のことのように思うかもしれませんが、とても重要なことなんですよ。「が」を補うか、「を」を補うかは、意味から考えればOK。特別な決まりごとはありません。

授業中によく言うのですが、「基本ルール」は初期の段階でしっかりと身につけること！最初の段階で「基本ルール」をいいかげんに扱うと、難しい内容になると読めなくなってしまいます。

スゴ技 1

名詞の下に省略されている助詞を補って解釈！

①「が」（「は」）

②「を」（＊「に」は原則として考えなくてＯＫ！）

“名詞を補ってみよう”

では、次のステップに行こう！　今度は次の二つの文を現代語訳してみてください。

③　水の流るるを聞く。

④　色濃く咲きたる、いとめでたし。

③を訳すときに、「水が流れるを聞く」だとちょっと変ですよね。「水が流れる音を聞く」「水が流れるのを聞く」などと訳した人もいると思います。でも、どうしてそう訳せるんでしょう？　センスがあるから？　違います！

ちょっとだけ文法の話をしますね（文法アレルギーの人や、まだ何も古文の勉強をやっていない人は、ちょっとガマンしててね！　最初は、ダマされたつもりで「そういうもんなのか」と思って読んでてくれればOK）。「流るる」というのは、「流る」という動詞の、「連体形」という活用なんですね。「連体形」というのは「体言（＝名詞）に、連なる形」という意味から生まれたネーミングだと考えてほしい。だから名詞の直前で用いられていることが多いんだ。でも、この連体形「流るる」の直後には名詞がない。つまり名詞が省略されているってこと。**省略されているのなら、解釈するときに補わなければいけないね。**そこで、後ろの動詞が「聞く」だから、「音」という名詞を補えばよさそうだぞ、と考えて、「水が流れる音を聞く」と訳します。

　この解釈ができるようになるうえで重要なことってなんだと思う？　それは「流るる」を見て、「連体形だ！」って見破ること。それができるから、「後ろに名詞を補わなきゃ！」って判断につながるんだ。それが文法力。いままで、「なんで文法やらなきゃいけないのかわからない」って思っていたかもしれないけど、**文法は解釈のために学ぶ**ってことを忘れないでほしい。これから文法の初歩を学ぼうとしている人も、文法は解釈のためにやるんだって意識をいつももっておこう。

　では、④はどうだろうか。「たる」は助動詞「たり」の連体形なんだ（まだ覚えていない人は、これから覚えればいいです)。「たり」は「〜ている」などと訳すので、「咲いている」と訳せばOK。そして、③でやったように**「連体形の後ろに名詞がないから名詞を補う」**という大事なことを思い出して、補う名詞を考えよう。「咲く」だから花の話かなと考えて、「色が濃く咲いている花」とすればOK。「いとめでたし」の「いと」は「とても」という意味の副詞、「めでたし」は「すばらしい」という意味の形容詞だ。「色が濃く咲いている花、とてもすばらしい」だと不自然だから、①でやったように**名詞「花」の直後に助詞を補おう。**述語が「すばらしい」だから、「花が」のほうがよさそうだね。そこで、「色が濃く咲いている花が、とてもすばらしい」となるんだ。

この文は、「色が濃く咲いている花」という部分が、「主語のカタマリ」になっていることがわかっただろうか。こうやって、**文の構造をきちんと把握して理解しようとすることが大切**だよ。古文をフィーリングで読んでしまっている人は、「色が濃く咲いていてとてもすばらしい」なんて訳してしまう。小さな違いのように思えるけど、名詞を補うことができるかどうかは、正しく読めるかどうかの大きな違いになってくるから、気をつけよう。

ところで、どんな名詞を補ったらよいのか、文脈から判断できないときもあるよね。具体的に補う名詞が思い浮かばなかったら、**「こと」「とき」「もの」「人」**を補っておけばよいでしょう。それでもわからないときは、ピンチヒッターとして**「の」**を補ってもOKです。つまり、「色が濃く咲いているものが、とてもすばらしい」「色が濃く咲いているのが、とてもすばらしい」でもよいわけです。

スゴ技 2

連体形の下に名詞を補って解釈！

⬇どんな名詞かわからなかったら、**「こと」「とき」「もの」「人」「の」**でOK！

では、確認のためにちょっと問題を解いてみよう。

01 ミッション

次の問いに答えよ。

制限時間 1分

問 次の各文の現代語訳の空欄を補って、訳を完成させなさい。

① 命あるものを見るに、人ばかり久しきはなし。

難易度 ★☆☆☆☆

訳 命［　　］あるものを見ると、人間ほど（命が）［　　］はない。

② 照る月の流るる見れば、

訳 光り輝く月が［　　］見ると、

① 「命ある」は「命がある」でいいね。「久しき」は形容詞「久し」（「長い」という意味）の連体形（動詞・形容詞・形容動詞の活用がアブナイ人は、活用表を見ながらでいいので、早く慣れよう）だから、名詞を補います。「長いもの」でいいね。というわけで、「命があるものを見ると、人間ほど（命が）長いものはない。」となります。

② 「流るる」は「流る」の連体形だったから、ここがポイント。具体的に「様子」でもいいし、名詞の代わりになる「の」でもOK。後ろに「見る」があるので、「…を見る」のほうが自然だよね。というわけで、「光り輝く月が流れる様子を見ると、」となります。

どうでしたか？　そこまで難しい話ではなかったと思います。でも、**助詞を補ったり、名詞を補ったりすることは、正しい解釈への重要な第一歩**なんだ。そのためにも、時間を見つけて、用言の活用などからもう一度やり直してみよう。

2時間目

「文法」の森で迷わないために

“差がつく文法はコレで万全だ！”

では、この時間は読むために必要な「差がつく重要古典文法」をまとめておくよ。

皆さんは、古文を読んでいて、「パッと見は同じ語のように見えるけれども、正体の違うもの」があることに気づくだろうか。

たとえば、「ぬ」は、**完了の助動詞「ぬ」の終止形の「ぬ」**のこともあるけど、**打消の助動詞「ず」の連体形の「ぬ」**なんてこともある。打消だったら「〜ない」と訳さないといけないし、完了だったら「〜た」などと訳さないといけない。

ほかにも、「る」は、**存続・完了の助動詞「り」の連体形の「る」**のこともあるけど、**自発・可能・受身・尊敬の助動詞「る」の終止形の「る」**なんてこともある。このときも、きちんと見分けて正しく訳さないといけないんだ。このように似た者同士を見分けることを「**識**《しき》

別《べつ》」って言うんだけど、**識別ができないと文法問題も解けないし、そもそも古文が正しく読めない**。最初の例で言うなら、打消と完了の意味を取り違えたら大変なことになってしまうよね。

では、どういう「識別」に気をつけたらいいのか。重要なものを五つピックアップしたので、しっかりと身につけてほしい。簡単なものから難しいものへと習得していこう！

そもそも「識別」ってどうやってやるの？

まぎらわしい語の識別ってどうやるか知っている？ **「まず訳してみて意味から考える」というのは絶対にやめよう。**文脈から考えようとすると、ミスの元だよ。そもそも、文法的アプローチができるから意味がわかるのであって、それをやらずに意味がわかるわけはないんです。

識別のために重要なこと、それはズバリ、**「形」から考える**！ カタチってなんだ？ 直前の語の活用形とか品詞とか、そういう**「直前語の情報」を「接続」と言います**。たとえば、「『けり』は連用形接続です」というのは、「けり」の直前語は必ず連用形になるということ。この「接続」を知ってこそ、語の意味がわかるんだ。助動詞活用表を見て、活用と意味ばかり覚えようとしている人がいるけど、**識別のカギを握っているのは「接続」**だってことを忘れないようにしてください。

みんな文法がわからずに「文脈判断」って言葉に逃げていない？　文脈＝意味を考えるのは、カタチで判断できないときだけ。**なるべく意味に頼らないで考えるのが正しいやり方なんだ。**

意味で考えてはいけない理由は、間違えるからというだけじゃありません。**意味で考えると時間がかかってしまうんです。**たとえ正解に辿《たど》り着いても、共通テストは時間がかかってしまったらアウト、負けです。

識別は時間を使うところじゃない！

これを心がけてください。

スゴ技 3

まぎらわしい語の識別は接続で考えよ。意味は最後に考えよ。

（「接続」とは直前語の情報！　文法問題を解くうえで一番大事な情報！）

「ぬ」「ね」の識別

まずは、「ぬ」と「ね」についてそれぞれ見分けられるようになりましょう。

「ぬ」「ね」の識別

① **打消の助動詞「ず」**

↓（活用）ず／ず／ず／**ぬ**／**ね**／○

　　　　ざら／ざり／○／ざる／ざれ／ざれ

② **完了・強意の助動詞「ぬ」**

↓（活用）な／に／**ぬ**／ぬる／ぬれ／**ね**

③ その他（動詞の活用語尾など）例死ぬ（ナ変動詞の活用語尾）

この三つです。そして、識別するときに、大事なことは、

文法は意味からじゃない！　形から！　形とは、「接続」！「接続」とは、直前語の情報！

というのを思い出そう。

①の「ず」は、**未然形**に接続します（＝つまり直前が未然形）。

一方、②の「ぬ」は、**連用形**に接続します。これで終了！　と言いたいところなんですが、「未然形と連用形の区別がつかない場合はどうするの？」という疑問が出てきますね（**この疑問がスッと理解できない人は、動詞の活用をしっかりおさらいしよう**）。だって、上一段・上二段・下一段・下二段活用は、未然形と連用形の区別がつかないですよね。

こういう場合は、前を見ていても埒《らち》が明かないので、別の作戦を考えます。「ぬ」「ね」が何形なのかで判断しよう。そのためにはまず直後を見ること。たとえば、「ぬ」の直後に名詞（＝体言）があったら、その「ぬ」は連体形だとわかる（名詞の直前は連体形だったよね）。だから、打消の助動詞「ず」の**連体形**と判断する。

これをまとめて公式化すると、

スゴ技 4

「ぬ」「ね」は、まず直前を見よ！

① 未然形 ＋
- ぬ ＝打消の助動詞「ず」の連体形
- ね ＝打消の助動詞「ず」の已然形

② 連用形 ＋
- ぬ ＝完了の助動詞「ぬ」の終止形
- ね ＝完了の助動詞「ぬ」の命令形

直前を見てダメなら活用形で導く！

ぬ＋名詞
ぞ・なむ・や・か〜**ぬ**。（係り結びの法則で**連体形**になる）
→ **打消「ず」の連体形**

ね＋ども（「ども」は已然形接続）
ね＋ば（「ば」は未然・已然形接続）
→ **打消「ず」の已然形**

ぬ＋べし（「べし」は終止形接続）
ぬ＋らむ（「らむ」は終止形接続）
→ **完了「ぬ」の終止形**

「る」「れ」の識別

次に、「る」や「れ」の識別で問われることをまとめておこう。

「る」「れ」の識別

① **自発・可能・受身・尊敬の助動詞「る」**
⬇（活用）れ／れ／る／るる／るれ／れよ

② **完了・存続の助動詞「り」**
⬇（活用）ら／り／り／る／れ／れ

③ その他（動詞の活用語尾など）

この三つです。

①の「る」は、**四段・ナ変・ラ変動詞の未然形**に接続します。

一方、②の「り」は、**サ変動詞の未然形**、**四段動詞の已然形**に接続します。なんだかややこしくてごちゃごちゃしてわかりにくい。そこで、別の作戦。**音で識別するとわかりやすい**よ。

①「る」の接続である「四段・ナ変・ラ変の未然形」というのは、**必ず直前語の活用語尾がア段音になる**（四段の未然形は「a」、ナ変は「な」、ラ変は「ら」）。

②「り」の接続である、「サ変の未然形、四段の已然形」というのは、**必ず直前語の活用語尾が工段音になる**（サ変の未然形は「せ」、四段の已然形は「e」）。

そうなると、それ以外の音に接続した場合は③となるね。

これを、まとめて公式化すると、

スゴ技 5

「る」「れ」は直前語の活用語尾の音で識別せよ。

① **ア段音** ＋ る／れる ＝**助動詞「る」**（自発・可能・受身・尊敬）

② **工段音** ＋ る／れる ＝**助動詞「り」**（完了・存続）

③ その他 ＋ れる ＝動詞の活用語尾など

例受くる（「受く」の連体形「受くる」の活用語尾）

これだけで識別の第一段階は完了！

「る」の訳し方はすべておさえること！

ここで注意したいのは、「る」は自発・可能・受身・尊敬のどれか？という点まで踏み込まなくてはいけないということ。

そこで、これをおさえておきましょう。これで万全です。

スゴ技 6

「る」の意味は周辺の情報から見分けよ。

①自発…心情・知覚・無意識を表す動詞につくことが多い。

（思ふ・なげく・知る・見るナド）

訳 自然と～される

②**可能**…**打消の語を伴うことが多い。**

訳 ～できる

③**受身**…「**誰々（何々）に～される**」**という文意だと判断できることが多い。**

訳 ～される

④**尊敬**…**身分の高い人の動作のことが多い**（ただし、「～れ給ふ」の「れ」は尊敬にならない ⬇ 045ページ）。

訳 お～になる

「何が問われないのか」も知れ！

ここでポイントを一つ。「**る**」**は自発・可能・受身・尊敬のどれか**、という点まで踏み込まなくてはいけないのに対し、「**り**」**は完了と存続のどちらかを問われることはない**ということです。古文に限ったことじゃないけど、試験というもので「何が問われるか」をおさえることはもちろん重要です。そして、同じように**「何が問われないか」を熟知しておくことも必要**なんですね。

デキル受験生とデキナイ受験生の違いって、じつはそういう差だったりする。勉強を進めていくと、「あ、これはしょっちゅう問われるぞ」とか「あ、ここはアバウトでもいいな」とか、こういう感覚が冴えてくる。この、「やりこんだ受験生の感覚」を公式化し、これから勉強を進めていく人に考えるヒントにしてもらおうと示したのがこの「スゴ技」です。がんばって「スゴ技」を身につけて、デキル受験生の発想を近道でゲットしちゃいましょう！

「なむ」の識別

次に、要注意な識別「なむ」（＝なん）をマスターしておきましょう。古文を読むと、「なむ」ってけっこう出てくるよね。

「なむ」は解釈でも重要だよ！

「なむ」の識別

① **終助詞「なむ」** ➡未然形接続　訳～てほしい（＝他者への願望）

例 花咲かなむ。　訳 花が咲いてほしい。

② **助動詞「ぬ」未然形 ＋ 助動詞「む」** ➡連用形接続 訳きっと～だろう・～してしまおう

例花咲きなむ。 訳花がきっと咲くだろう。

③ ナ変の未然形の活用語尾 ＋ 助動詞「む」 ➡上に「死」「去《い》(往《い》)」がある 例死なむ

④ 係助詞「なむ」 ➡種々の語に接続(特に訳さなくてもOK)

基本はこれだけでOK。

“まぎらわしい「なむ」の対処法”

ただし、ちょっとだけ難しい問題もある。たとえば、直前の語が未然形か連用形かわからない場合は、①と②の識別ができずに困りますね。訳してみて文脈判断をするしかないかな？

…と思う前に、そんなときはこのスゴ技を使おう。

スゴ技 7

「〜なむとす」の形なら、②の助動詞「ぬ」＋助動詞「む」である。

例 やをら出でなむとす。 訳 そっと出てしまおうとする。

そして、**①でも②でも③でもなければ、④「係助詞」と覚えておこう！**

例 名をば、さかきの造《みやつこ》となむいひける。 訳 名をさかきの造と言った。

格助詞「と」は、助詞だから未然形でも連用形でもない。もちろんナ変動詞の語幹じゃない。①でも②でも③でもなければ、④の係助詞だ。

また、「形容詞基本活用連用形＋なむ」（「〜く＋なむ」「〜しく＋なむ」）の形も④「係助詞」だ。

例 いといとほしく、あたらしくなむ。

訳 たいそう気の毒でもったいないことでございます。

これは難しいので、基本を完全マスターした人だけでOK。

「あたらしく」は形容詞の連用形。連用形なら②じゃないの？と思うかもしれないが、**形容詞の基本活用（活用表右側の列）の下には助動詞がくっつかないというルールがある**（初めて知った人はこの機会に覚えよう）。ということは、助動詞である②はダメ。じゃあいったいなんなんだ？　①でも②でも③でもないから、④「係助詞」だね。

ここまで、ついて来ていますか？　ある程度、古文の知識があって理解できている人は、このまま次の「なり」に進んでください。古文がゼロからのスタートで**「この時点でしんどい…」**という人は、これ以降は飛ばして（もしくは軽い気持ちで読み流して）、とりあえず3時間目に進みましょう。古文に慣れてきたら、必ず戻って読んでみてください。**あせらなくて大丈夫！**

「なり」の識別

では、次にちょっと難しい識別に進みます。「なり」が出てきたときは要注意！　助動詞などの詳しい知識が必要だ。

「なり」で問われるものは、以下の通り。

「なり」の識別

① 伝聞・推定の助動詞「なり」 訳 〜そうだ（伝聞）・〜ようだ（推定）
② 断定の助動詞「なり」 訳 〜である
③ 動詞「なる」の活用形
④ ナリ活用形容動詞の活用語尾

ポイントは、

伝聞・推定の「なり」と断定の「なり」は別の助動詞！

だということ。

活用も違えば接続も違う、まったく別物の助動詞なんです。用法の違いじゃありません。

これは、**とてもとてもとても大切なこと**です。

①の伝聞・推定は、終止形接続。ただし、**ラ変型活用の語には連体形に接続するよ。**

②の断定は、体言や連体形に接続（一部の副詞・助詞にも接続するけど、基本的には「体言・連体形接続」とおさえておけばＯＫ！）。この①と②の識別は共通テスト以外でも問わ

れます。特に私大文系志望の人は注意しよう。とにかく、①伝聞・推定と②断定の違いを答えられるようになろう。「なり」の勝負所はここだよ。

「なり」の接続ポイント

① 終止形（ラ変型の連体形）＋なり＝伝聞・推定

② 体言・連体形＋なり＝断定

まぎらわしい「なり」対策

じつは難しいのはここからなんだ。活用語の中には終止形と連体形の区別がつかない語があるため、接続だけでは簡単に助動詞「なり」の判別ができないものもある。そんなときのために、伝聞・推定になる形をチェック。**マニアックな知識は共通テストでは必要ない**ので、重要かつ頻出のものを厳選しておくよ。

スゴ技 8

伝聞・推定の「なり」は次の二点に注意！

①音声を表す語がある。

（伝聞・推定「なり」は、音声を根拠にして判断する助動詞。）

例 鶉《うづら》鳴くなり。 訳 鶉が鳴いているようだ。

②撥音便《はつおんびん》が直前にある。

（撥音便とは、活用語尾「る」が「ん」になったもの。「あんなり」「なんなり」など。「ん」

は表記されないこともある。）
例 駿河《するが》の国にあんなる山　訳 駿河の国にあるという山

また、**動詞「なる」は盲点になっている。**問われるのは助動詞だけじゃないから注意！「ず（打消「ず」連用形）」「〜く（形容詞連用形）」「と（格助詞）」「に（格助詞）」に接続している場合は動詞だ。

例 髪も長くなりなむ。　訳 髪もきっと長くなるだろう。

「に」の識別

この時間は新しい知識が多くて大変だ。でも、ここで扱う識別は、すべて受験生が一番間違えやすいところ。**差がつきます！**

文法問題ばかりか、**読解の役にも立つので、二度おいしい。**20点UPのために、しっかり取り組んでほしい。

ここで踏ん張れば後がラクだよ。がんばろう！

最後に、「に」に行きましょう。
「に」は識別対象がとても多い！　きちんと整理しておくこと。

「に」の識別

① 格助詞「に」　⬇体言・連体形接続
② **断定の助動詞「なり」の連用形**　⬇体言・連体形接続（一部の副詞・助詞にも）
③ 接続助詞「に」　⬇連体形接続
④ **完了の助動詞「ぬ」の連用形**　⬇連用形接続
⑤ ナ変動詞の連用形の活用語尾　例 死に
⑥ ナリ活用形容動詞連用形の活用語尾　例 あはれに
⑦ 副詞の一部　例 さらに

“「断定」に着目せよ”

「に」は、赤字で書いた**「断定」「完了」の二つが特に重要**ですから、それらは真っ先にマスターしてしまいましょう。

「に」が体言や連体形に接続すると、接続だけでは判断できないので、コツが必要になってきます。**上手に識別するためには②の断定「なり」に着目することがポイント。**

そこで、次のスゴ技を覚えておきましょう。

スゴ技 9

断定の「に」は次の公式で覚えよ。

体言
連体形 ｝＋ **に**（断定）＋ **助詞** ＋ **存在動詞**（「**あり**」など）

訳「～である」

例 おのが身はこの国の**人**（体言に接続）**に**は**あら**（「あり」を発見！）ず。

訳 私はこの国の人間ではない。

断定のポイントはわかったかな？　体言に接続して、格助詞か「断定」か迷ったら、このスゴ技を思い出そう。そして、**「〜である」と訳せるなら「断定」だ。**

もし、体言に接続して、断定じゃなさそうなら、格助詞を選べばいい。

「完了」もよく出るよ！

次に、**完了**の例を見てみよう。断定・格助詞のほかに、完了も大切だよ。

連用形に接続する「に」は④の完了しかない。でも、いちいち連用形だとたしかめなくてもこのスゴ技を使えば大丈夫。

スゴ技 10

完了の「に」は次の公式で覚えよ。

動詞　＋　に（完了）　＋　助動詞

（直後に助動詞がある）

例 その人の名忘れ《動詞》にけり《助動詞》。

訳 その人の名前は忘れてしまった。

以上、この時間は頻出文法を取り上げました。

長かった2時間目、お疲れさまでした。**一度で覚えられなくても大丈夫。**とりあえず

3時間目以降に進んで、**ほかの解き方を覚えてからここに戻ってきて、何度も見直そう。**

「文法問題」に怯《ひる》むな！

そもそも「文法問題」ってどんな問題なの？

共通テストに独立した文法問題が出題されるかどうかは、はっきりとはわからない。でも、前身の「センター試験」ではよく出題されていた。「共通テスト」でも出題される可能性を考えて、対策を立てておくことが大切だ。

文法問題のタイプ

A 識別問題
- 助動詞・助詞・用言の正しい文法的説明を答えるもの（助動詞の文中での用法を答えるものもある）

B 敬語の問題

・敬語の種類や、誰から誰への敬意かを答えるもの

Aは、たとえば「む（ん）」の意味を推量・意志・勧誘・婉曲の中から見分けさせるものだったり、複数の傍線部の文法的説明（「断定の助動詞」「格助詞」「形容動詞の活用語尾」など）を選ばせるような総合的な問題だったりする。Bは、本文中の誰に対する敬意かを読み解く問題で、これについては4時間目に詳しく説明しよう。

Aタイプの問題は、ほぼ形（＝「接続」の知識など）で解く問題であることが多いので、**本文の内容とはほとんど関係がない。****Aのタイプであれば、試験が始まったら真っ先に解いてしまうことだ。**もちろん、読みながら解いても構わないのだが、**共通テストでは時間配分に十分に注意しないといけない**ので、さっと解いてしまって読解に集中するのが賢いやり方だ。

ここで大事なことを一つ。**わからない傍線部があっても解答を導けることが多い**んだ。逆に言うと、**すべての傍線部を解いてマークすることは、解かないでよい問題を解いてムダな時間を使っている**ということ。

文法問題を解く際にムダがある人とない人では、国語全体の点数に差が出ているよ。「解

き方」をもっと研究することが大切なんだ。
では、センター試験で出題された例を一つ紹介しよう。といっても、本文を見ないで解くトレーニングです。

02 ミッション

次の問いに答えよ。

制限時間 0.5分

斬《き》られ給はん(a) 知らねども(b) 力者《りきしゃ》どもに輿を舁《か》かせて(c) ましませば(d)

問 波線部a〜dの文法的説明の組合せとして正しいものを、次の①〜⑤のうちから一つ選べ。

難易度 ★★☆☆☆

① a 受身の助動詞 b 打消の助動詞 c 使役の助動詞 d 動詞の活用語尾
② a 自発の助動詞 b 完了の助動詞 c 尊敬の助動詞 d 使役の助動詞
③ a 尊敬の助動詞 b 完了の助動詞 c 動詞の活用語尾 d 尊敬の助動詞
④ a 受身の助動詞 b 打消の助動詞 c 動詞の活用語尾 d 使役の助動詞
⑤ a 尊敬の助動詞 b 打消の助動詞 c 使役の助動詞 d 動詞の活用語尾

切った選択肢は二度と振り返るな！

では、実際の試験会場で解く感覚でやってみよう。

aの「斬られ給はん」は、「れ」の直後に尊敬の補助動詞「給は」（「給ふ」の未然形）がある。このように下に尊敬語「給ふ」のくっついた「る」「らる」、つまり**「～れ給ふ」「～られ給ふ」の形になった「れ」「られ」は尊敬にはならないというルールがある**（共通テストで狙われそうな文法については2時間目で解説したので、自信のない人はもう一度後で見ておこう。とりあえず今は「解き方」だけ説明しますね）。よって、尊敬の③と⑤は消える。

①	a　受身の助動詞	b　打消の助動詞	c　使役の助動詞	d　動詞の活用語尾
②	a　自発の助動詞	b　完了の助動詞	c　尊敬の助動詞	d　使役の助動詞
~~③~~	~~a　尊敬の助動詞~~	b　完了の助動詞	c　動詞の活用語尾	d　尊敬の助動詞
④	a　受身の助動詞	b　打消の助動詞	c　動詞の活用語尾	d　使役の助動詞
~~⑤~~	~~a　尊敬の助動詞~~	b　打消の助動詞	c　使役の助動詞	d　動詞の活用語尾

このとき、大切なことは

切った選択肢を二度と振り返らないこと！

時間のロスを避けるためにも必ず守ってほしい。

自信をもってサヨナラするためにも、きちんと根拠をもって選択肢を消す。

そして、**自信のある傍線部から解こう。**「これはどうかな、こっちだと思うけどちょっと保留にして…」とやっていたら時間がもったいない！「**解くなら解く、後回しにするなら後回しにする**」、「**解いたら、問題用紙にバツを書き込む**」、**こういう当たり前の手作業をちゃんとやっておこう。**

スゴ技 11

「切った選択肢」は二度と振り返るな。

ところで、この「れ」は尊敬の「る」ではないとわかったけど、「る」の意味はほかに、自発・可能・受身がある。それらのうちのどれだろうか。

選択肢に「可能」はないので、自発と受身の二択だね。ちょっと考えればわかるけど、「斬る」という動詞に「自発」はおかしい。自発は「自然と〜される」などと訳し、「意識しないで自然と」行う動作、知覚動詞や心情表現につけるものだ（意識しないで人を「斬る」奴なんてアブナイ）。これで②の自発も消えた。

① a 受身の助動詞　b 打消の助動詞　c 使役の助動詞　d 動詞の活用語尾
② ~~a 自発の助動詞~~　b 完了の助動詞　c 尊敬の助動詞　d 使役の助動詞
④ a 受身の助動詞　b 打消の助動詞　c 動詞の活用語尾　d 使役の助動詞

ここで、残った①と④を見てください。

傍線部bを解く必要ありますか？

ありませんね。ところが、選択肢をちゃんと消さずに解いてる人は、bを考える時間を作ってしまう。このbがもし難しい問題だったらかなりのロスになるでしょう。

そうならないためのコツとしては、傍線部を一つ解くごとに選択肢をしっかり切って、残った選択肢をチェックしながら進めること。**特に二択に絞り込んだらこの作業を忘れずに！**

スゴ技 12

文法問題では、「解かなくてもいい」問題がないかアンテナを張れ！

“解きやすい問題からやろう”

bはスルーして、次に行こう。残る選択肢は二つだけ。そうすると、c「力者どもに輿を昇かせて」か、d「ましませば」のどちらかを解けばいいということになる。**解きやすい問題、自分が勝負しやすい問題から解くのが文法問題の、いや大学入試に共通の鉄則だ。**

波線部cの直前「昇か」が馴染《なじ》みのない単語で解きづらかったら、dの「ましませ」で解けばよい。尊敬語の動詞「まします」の一部だとわかれば、正解は①だとわかる。

① a 受身の助動詞 b 打消の助動詞 c 使役の助動詞 d 動詞の活用語尾

④ a 受身の助動詞 b 打消の助動詞 c 動詞の活用語尾 ~~d 使役の助動詞~~

スゴ技 13
解きやすい問題、自分が勝負しやすい問題から攻めよう！

「勝つ受験生」になるために

あっという間に解けてしまった。

共通テストの前身「センター試験」も時間配分が厳しい試験だった。みんなが受験する「共通テスト」は、複数の本文を読まなくてはいけなかったりする可能性があるので、**時間配分がネック**。問題の分量に対する制限時間の厳しさについては、東大よりも早稲田よりも警戒しなくてはいけないのが共通テストだ。

「勝つ受験生」になるためには、**時間のロスをなくす工夫をすること**。じっくり考えるところに時間を割き、形式で解ける問題の時間をなるべくカットすることが大切なんだ。

多くの受験生が悩んでいる時間配分をクリアできれば、きっと有利な立場に立てる。古文にかけていた時間を現代文の評論や小説に回すこともできる。そうすれば、古文だけじゃな

くて国語全体の得点アップにつながるよ。

最初に言ったように、共通テストで独立した文法問題が出題されるかどうかは、はっきりとはわからない。でも、文法をまったく身につけずに本文を読むことは難しいんだ。**文法を身につければ読む力は格段にパワーアップするから、「文法はやらなくていいんだ」と勘違いしないようにね。**

「敬語」がわかれば読解もバッチリ！

“敬語問題なんて全然難しくない”

文法について理解が深まりましたか？　次に、これまた重要文法である「**敬語**」について理解を深めておこう。敬語問題は共通テストで直接出題されるかもしれないし、出題されないかもしれない。でも、**設問で問われるかどうかは実は関係ない。敬語問題が出題されなくても、敬語について理解を深めておかないと本文をきちんと読めなくなってしまうんだ。**だから、「ボクは理系で古文は共通テストだけだから敬語はやらなくていいや～」というのはとんでもない勘違い。文系でも理系でも、古文で受験する以上は敬語からは逃げられない。**だからこそ、楽しく、正しく、早く、敬語を勉強しよう。**古文で敬語を学ぶということは、「敬意の方向」を学ぶこと。では、この「敬意の方向」とは何かということからおさえよう！

“「敬意の方向問題」の基本ルール”

問題を解く前に、まずは敬意の方向問題で必ずおさえておくべき基本ルールだ。

敬意の方向（誰から誰への敬意か？）

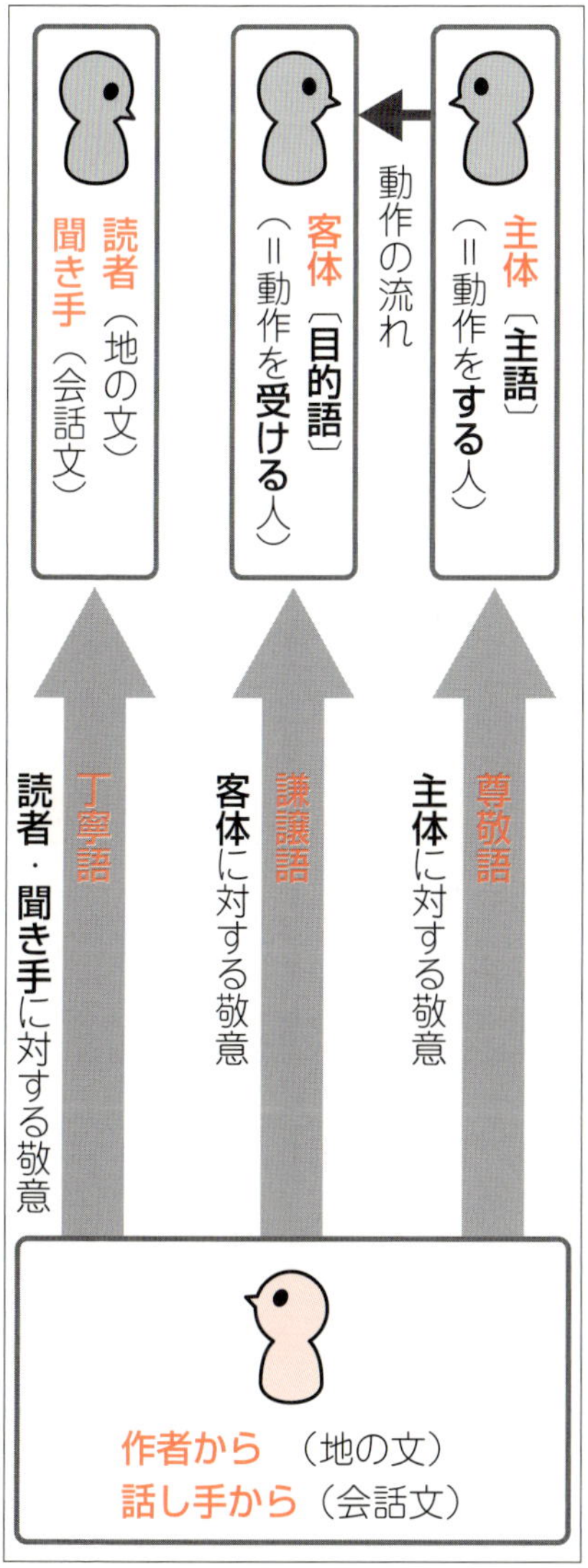

「敬意の方向問題」というのは、「誰の（**誰から**）」「誰に対する（**誰への**）」敬意かを答える問題のこと。だから、**登場人物たちの関係をしっかり把握することが必須なんだ**。動作の**主体**（**主語**・動作をする人）や動作の**客体**（**目的語**・動作を受ける人）、セリフであれば**発言している人**や**聞いている人**を理解できていないと、この問題は解けないからね。

「敬意の方向問題」では、「人物整理」をしっかり行うこと！

> ①傍線部の主体・客体をしっかりチェック。
> ②会話文であれば、「発言している人物」と「聞いている人物」をしっかりチェック。

これでピンときた人もいると思うけど、入試で問題になる「敬語」というのは、基本的に敬語動詞、つまり動詞に関する話なんだ（ここでは、名詞に関する話は特に重要ではないので置いておきます）。

そして、敬語動詞には、「本動詞」と「補助動詞」という区別がある。まあ、ものすごく簡単に言うと、本動詞は「動作」と「敬意」の両方を表し、動詞の下にちょこんとくっついていれば補助動詞で敬意のみを表す。

本動詞と補助動詞

本動詞……**「動作の意味」と「敬意の方向」を表す。**

たとえば、「のたまふ」は、「言ふ」という動作を表す動詞の、尊敬語。（訳おっしゃる）

補助動詞…**動詞の下にくっついて、その動詞に「敬意の方向」のみを付け加える。**

たとえば、「出で給ふ」の「給ふ」は、動詞「出づ」の下にくっついて、尊敬の意味を付け足すだけで、動作の意味をもたない。

じゃあ、問題を解いて確認してみようか。ここでは、敬語の問題がしばしば出題されていたセンター試験の問題を利用します。しつこいようだけど、「共通テストでは敬語の問題が出なそうだからやらない」というのはダメだよ。

本来、主体や客体が誰なのかは読みながら判断するのですが、ここでは解き方を覚えてもらうため、本文を省略し、（　　）内に補っておきます。まずは、「敬意の方向についての考え方」に集中してください。

03 ミッション

次の問いに答えよ。

制限時間 2分

・兵衛佐《ひやうゑのすけ》、（兵部《ひやうぶ》卿宮《きやうのみや》に）申しけるは、「…（兵部卿宮様の）召しに従ひて参らせ a 候ふ」と申せば、

・（兵部卿宮から、手紙を）常磐《ときは》、b 賜りて、

・（常磐は、兵部卿宮に）「（兵部卿宮様が、兵衛佐の妹君を）よくよく c 御覧じ候ひて、…」

問 波線部a～cの敬語についての説明として正しいものを、次の①～⑤のうちから一つ選べ。

難易度 ★★☆☆☆

① a 兵衛佐から兵部卿宮への敬意を示す謙譲語
　 b 作者から常磐への敬意を示す尊敬語
　 c 常磐から兵部卿宮への敬意を示す丁寧語

② a 兵衛佐から兵部卿宮への敬意を示す丁寧語
　 b 作者から兵部卿宮への敬意を示す謙譲語
　 c 常磐から兵衛佐の妹への敬意を示す尊敬語

③ a 兵衛佐から式部卿宮への敬意を示す謙譲語
　 b 常磐から兵部卿宮への敬意を示す丁寧語
　 c 常磐から兵衛佐への敬意を示す尊敬語

④ a 兵衛佐から兵部卿宮への敬意を示す丁寧語

⑤

b　作者から兵部卿宮への敬意を示す謙譲語
c　常磐から兵部卿宮への敬意を示す尊敬語
a　兵衛佐から兵部卿宮への敬意を示す謙譲語
b　女房たちから常磐への敬意を示す尊敬語
c　常磐から兵部卿宮への敬意を示す丁寧語

“敬語動詞を覚えていないと解けない！”

順番にaからやっていこう。

> ・兵衛佐、（兵部卿宮に）申しけるは、「…（兵部卿宮様の）召しに従ひて参らせ候ふ（a）」と申せば、

この「候ふ」は丁寧語です。「候ふ」には謙譲語の用法もあるけれど、**補助動詞として使われるときは必ず丁寧語**です。

「うーん、まずそこからわかんないよ」という人は、**敬語動詞を覚えなくてはいけません。**

ある敬語動詞を見て、「うーん、これは尊敬語かな？　謙譲語なのかな？」っていう人がい

るけど、これじゃ、絶っっ対に解けません。さきほどの図（誰から誰へ）をせっかく暗記しても、**傍線部の敬語動詞の種類がわからなければ終～了！です。**

だから、「あ、これは『のたまふ』だから尊敬語で、主体に対する敬意だ」とか、「うん、これは『聞こゆ』だから謙譲語で、客体に対する敬意だ」ってことを、「正確に」かつ「すばやく（共通テストは時間が勝負！）」見抜かなくちゃいけない。

でも、安心してほしい。敬語動詞は大変なように見えるけど、同じような意味をまとめて整理すれば大変じゃないんだ。巻末資料に敬語動詞一覧をつけておいたので、ぜひ活用してください。**基礎がまだまだの人は、すべての古文単語に先駆《さきが》けて、優先して覚えてしまいましょう！** 絶対だよ。

スゴ技 14

選択肢を見ながら解くのだ

では、「敬意の方向問題」の解き方の手順を説明していこう。

「敬意の方向問題」は次の手順で解け。

①動作の主体・客体、（会話文であれば）話し手・聞き手をチェック！

（「人物整理」を必ず行う）

②傍線部の敬語の種類（尊敬語・謙譲語・丁寧語）を確認！

（巻末資料（⬇198ページ）で敬語動詞をきちんと覚えておく）

③①と②の情報で、「誰から誰に対する敬意か」を出す！

（傍線部の横にメモしておく）

④選択肢を見て、②や③の情報と違う選択肢を切る！

（切った選択肢は二度と振り返るな）

⑤傍線部一つずつに対し①〜④の手順をやっていき、それぞれ選択肢を絞る！

（わかりにくいものは後回し！　わかる傍線部から解いていけばよい）

ａは丁寧語だったね（手順②）。ということは、謙譲語の①③⑤は不正解だ。手順③も考えよう（今回は選択肢②も④も同じだから考える必要はないのだけど、勉強のためにやっておくよ）。この波線部は会話文だから、「**話し手から**」だね。ここでの話し手は「兵衛佐」。**会話文での丁寧語は、「聞き手に対する敬意」**だね。ここでの会話の聞き手は

「兵部卿宮」。問題なしだ。

なんと、これだけで選択肢が二つに絞れた。だから選択肢はどんどん切らないとダメだよ。時間がもったいない！　そこで、3時間目のスゴ技12（⬇048ページ）を思い出してほしい。

文法問題は、傍線部を一つ解いたら、すぐに次の選択肢をチェックせよ！

特に、二択になったら、必ずチェックだったよね。

では、②と④のbを比較しよう。

②
a　兵衛佐から兵部卿宮への敬意を示す丁寧語
b　作者から兵部卿宮への敬意を示す謙譲語
c　常磐から兵衛佐の妹への敬意を示す尊敬語

④
a　兵衛佐から兵部卿宮への敬意を示す丁寧語
b　作者から兵部卿宮への敬意を示す謙譲語
c　常磐から兵部卿宮への敬意を示す尊敬語

全く同じ

解く必要なし！　はい、じゃあ本番では無視して先に進んじゃいましょう。でも今は勉強のために確認しておいたほうがいいかな。

波線部の「賜り」（「賜る」の連用形）は、謙譲語で「いただく」の意味。この波線部は、地の文（会話文ではない普通の文のこと。本文全体の下地になっている文だから「地」の文という）だから、「**作者から**」だね。ここで注意してほしいことがあります。

謙譲語は「へりくだり」ではなく、客体への敬意！

じつは、僕も受験生時代に謙譲語につまずいた。「謙譲語って『へりくだり』だから、動作の主体が低くなって…」と考えるとドツボにはまる。

あのね、**古文の謙譲語は原則として「客体への敬意」を表す**もので、「へりくだり」って考えると混乱の元だから気をつけよう。053ページの図を思い出して、「**動作の客体**（**受け手・される人**）**は誰かな？**」ってシンプルに考えるのがコツなんだ。

話を戻して、**謙譲語は**、「**客体への敬意**」だから、「賜る」の動作の客体を考えよう。常磐が兵部卿宮から「いただく」わけだから、「いただく人＝動作主体」は常磐。じゃあ客体は、兵部卿宮でいいね。問題なしだ。

“あっという間に解ける！”

では、最後にｃを考えよう。

・（常磐は、兵部卿宮に）「（兵部卿宮様が、兵衛佐の妹君を）よくよく ｃ 御覧じ候ひて、…」

尊敬語は、「動作の主体（主語）への敬意」だから、主語である兵部卿宮への敬意となる。

よって、④が正解。もちろん「誰から」の部分も、会話文なんだから**話し手である「常磐」**で問題なし！

~~②~~ ｃ　常磐から~~兵衛佐の妹へ~~の敬意を示す尊敬語

④ ｃ　常磐から兵部卿宮への敬意を示す尊敬語

どうだい？　難しく見える敬語問題もなんてことない。思ったより「簡単に」「すばやく」解けることがわかっただろう。

復習のときには058ページのスゴ技14でもう一度手順を確認しておこう。

現代語訳

a 兵衛佐が、兵部卿宮に申し上げたことは、「…兵部卿宮様のお召しに従って差し出しました」と申し上げると、

b 兵部卿宮から手紙を常磐はいただいて、

c 常磐は、兵部卿宮に「兵部卿宮様が、兵衛佐の妹君をよくよくご覧になりまして、…」

“敬語は本文を読み取る大ヒント”

最後に、「敬語がわかると本文がとても読みやすくなる」ということを実践してみよう。

04 ミッション

次の問いに答えよ。

制限時間 2分

難易度 ★★☆☆☆

問 次の文章は『竹取物語』の一節で、かぐや姫が月に帰った後の話である。帝は、かぐや姫を月の国の天人から守るために多数の兵を派遣したが、それもむなしくかぐや姫は帝への手紙と不死の薬を中将に残し、月に昇天してしまった。読んで、後の現代語訳の[①]〜[⑦]に適切な人物を補って完成させなさい。

中将、人々引き具《ぐ》して帰り参りて、かぐや姫をえ戦ひ止めずなりぬること、こまごまと奏す。薬の壺に御文《ふみ》添へて参らす。広げて御覧じて、いとあはれがらせ給ひて、物も聞こしめさず、御遊びなどもなかりけり。大臣《おとど》・上達部《かんだちめ》を召して、「いづれの山か天に近き」と問はせ給ふに、ある人奏す、「駿河《するが》の国にあるなる山なむ、この都も近く、天も近くはべる」と奏す。

現代語訳

中将は、人々を引き連れて帰参して、かぐや姫を戦って止めることができなかったことを、こまごまと［①］に申し上げる。［②］は薬の壺にお手紙を添えて［③］に差し上げる。［④］は広げてご覧になって、ひどく悲しく思いなさって、［⑤］は何も召し上がらず、管弦の催しなどもなかった。［⑥］が大臣や上達部をお呼びになって、「どの山が天に近いか」と問いなさると、ある人が［⑦］に申し上げることには、「駿河の国にあるとかいう山が、この都からも近く、天にも近うございます」と申し上げる。

では、解説に行くよ。［①］は、「奏す」がポイント。**「奏す」は謙譲語で「申し上げる」という意味**なんだけど、**客体が帝・院の場合にのみ用いられる**。この文脈だと、「帝（＝天皇）」だね。同じような敬語に「啓す」という言葉があり、これは客体が中宮・東宮（＝皇太子）の場合にのみ用いられる。これらの敬語を**「絶対敬語」**というんだ。**「絶対敬語」は難しい文法の話ではなくて、単に二つの単語をおさえるだけ**だから難しくない。文脈を取るのに便利だよ。

［②］は、かぐや姫の手紙と不死の薬を「差し上げた」人物だから、「中将」。**「参らす」は「差し上げる」という意味の謙譲語（＝客体への敬意）**。［③］は「差し上げた」相手だから「帝」だね。だから、［④］も「帝」でいいね。**「御覧ず」は「ご覧になる」という意**

味の尊敬語（＝主体への敬意）。この文では、地の文で主語が帝になるときは尊敬語がついているようだね。逆に、中将が主語のときには尊敬語がつかないことが読み取れる。これを参考にしてこの後も読んでみよう。

⑤は、「聞こしめす」が尊敬語なので「帝」だと推測。「聞こしめす」は「お聞きになる」という意味以外に、「召し上がる」という意味もあるので注意だ。ここでは「召し上がる」の意味だよ。

⑥も「召す」という尊敬語があるので、「帝」でよさそうだね。帝が、大臣や上達部をお呼びになって、尋ねたんだ。「問はせ給ふに」の「せ」は尊敬の助動詞、「給ふ」は尊敬の補助動詞で、尊敬語がダブルになっている。このような「二重尊敬」を「最高敬語」とも言い、主語に対する強い敬意を表すんだ。

⑦は、直後と最後に「奏す」（絶対敬語）があるから、「帝に申し上げる」と意味が決まるね。よって「帝」だ。

どうかな。敬語動詞を覚えれば、かなり読解の役に立ちそうだということがわかっただろうか。いつもいつもこのようにスパッと判別できるときばかりじゃないけど、使わない手はないよね。以下のスゴ技、すごく重要だ。要チェック！

スゴ技 15

敬語の使われ方を見て、動作の主体や客体を読み取れ！

①尊敬語の有り無しは主語を読み取る大ヒント。

②「絶対敬語」は客体が決まる！

奏す➡客体が帝もしくは院

啓す➡客体が中宮もしくは東宮

敬語がわかれば動作の主語がわかる。主語がわかれば正確な読解への大きなステップだ。

しっかりと復習してくださいね。

「語句問題」に潜む意外な落とし穴！

「定番問題」対策を怠るな！

共通テスト対策の問題集や模試などを解くと、「複数の本文を読解」「教師と生徒の会話文」などが新しい傾向の問題としてクローズアップされている。たしかに、それらは共通テスト対策の目玉だ。でも、「新しい問題」にばかり捕われてしまって、**「いつの時代にも変わらずに出題されている問題」への対策をおろそかにしたらダメなんだ。**じゃあ、「いつの時代にも変わらずに出題されている問題」ってなんだろう。古文では**「語句問題」**のこと。2020年で終わってしまった「センター試験」では必ず問1で出題されていたし、その前身の「共通一次試験」時代でも出題されていた、**定番中の定番問題が「語句問題」**だ。

ただ、「語句問題」の出題のされ方も時代とともにちょっとずつ変わってきたので、注意が必要だ。例として2015年のセンター試験の問題を見てください。

問　傍線部の解釈として最も適当なものを、次の①〜⑤のうちから一つ選べ。

御こころざしのになきさまになりまさる

① 帝のご愛情がこの上なく深くなっていく
② 帝のご寵愛《ちょうあい》がいっそう分不相応になっていく
③ 帝のお気持ちがいよいよ負担になっていく
④ 帝のお気遣いがますます細やかになっていく
⑤ 帝のお疑いが今まで以上に強くなっていく

正解は①

傍線部がかなり長い！「解釈問題」と言ってもいい問題だね。
では、センター試験最後の年となった2020年の出題です。

問 傍線部の解釈として最も適当なものを、次の①〜⑤のうちから一つ選べ。

ゆかしくおぼしめして

① いぶかしくお思いになって
② もどかしくお思い申し上げて
③ 知りたくお思いになって
④ 縁起が悪いとお思いになって
⑤ 会いたいとお思い申し上げて

正解は③

次に、大学入試センターが公表した「大学入学共通テスト試行調査」の問題を見てみよう。

問 傍線部の解釈として最も適当なものを、次の①〜⑤のうちから一つ選べ。

聞こし召せ

① お起きなさい
② 着替えなさい
③ お食べなさい
④ 手伝いなさい
⑤ お聞きなさい

正解は③

共通テストがどのような出題をするかは未知数のところもあるけれど、「試行調査」と「最後のセンター試験」から推測すると、「長い解釈系の問題」よりも、**「基本重要古語をしっかりとおさえる」**、**「二・三語程度の訳」**の対策が求められているようだね。

センター試験の時代では「語句問題」でポロッと取りこぼしをする人が多かったから要注意！　配点は50点満点中15点程度（3割も！）だと考えられる。この問題が大きな差となるかもしれないよ。しっかりと対策をすることが必要だ！

“語句問題には二つのタイプがある”

語句問題の設問を分析してみると、次の二タイプに分けられていることがわかる。

語句問題の二タイプ

解釈型……「解釈」をするタイプ。文法や単語の訳を正確に行うことが求められている。↓072ページ

知識一発型…基本単語や慣用表現、古文常識で解くタイプ。↓083ページ

語句問題を正確に解くためには、どっちのタイプの設問かを見極め、ポイントを外さない解き方をしなければいけないんだ。

“「解釈型」語句問題の考え方”

では、**少し長めの傍線部が出題される場合を想定して**、対策をしておこう。2014年のセンター試験に出題された『源氏物語』から。

05　ミッション　次の問いに答えよ。

制限時間 1分

（夫婦げんかをしたため、子どもを家に残して実家に帰ってしまった三条殿を、大将殿は追いかけて実家に行くが三条殿は大人げない振る舞いをする。その子どもたちについて、大将殿が言っている場面）

かしこ（注）なる人々も、らうたげに恋ひ聞こゆめりしを、……

（注）かしこなる人々——邸宅に残された子どもたち

問　傍線部の解釈として最も適当なものを、次の①～⑤のうちから一つ選べ。

難易度 ★★★★☆

---

① いじらしい様子でお慕い申し上げているようだったが
② いじらしげに恋い焦がれているらしいと聞いていたが
③ かわいらしげに慕う人の様子を聞いていたようだが
④ かわいらしいことに恋しいと申し上げていたようだが
⑤ かわいそうなことに恋しくお思い申し上げているようだったが

まず、「恋ひ聞こゆ」に着目しよう。なぜかというと、「聞こゆ」は、「恋ひ」という動詞の直後についているので、謙譲語の補助動詞だとわかるからだ。こういうふうに**敬語に着目するのが大切**。語句問題では、**敬語が含まれる傍線部の場合、敬語の訳し方で選択肢を絞《しぼ》り込めるケースが多い**。この問題の場合、謙譲語の補助動詞の訳「～申し上げる」の形になっているのは、①「お慕い申し上げている」と⑤「恋しくお思い申し上げている」だけ。

④は一見正しいように見えるが、「～と申し上げていた」となっていて、これは、「言ふ」の謙譲語の訳し方（補助動詞でなく、本動詞）になっている。

① いじらしい様子でお慕い申し上げているようだったが
~~②~~ いじらしげに恋い焦がれているらしいと~~聞いていた~~が

③ かわいらしげに慕う人の様子を聞いていたようだが
④ かわいらしいことに恋しいと申し上げていたようだが
⑤ かわいそうなことに恋しくお思い申し上げているようだったが

“「解釈型」に仕組まれているワナ”

さて、多くの人は問題を解くときにこう考えたのではないでしょうか?

「『らうたげに』か。『らうたし』『らうたげなり』は単語集で暗記したぞ。『かわいらしい』だよな、よっしゃ、③か④だな」

この解き方をしていると、いつまでたっても語句問題で落とすクセは治りませんよ〜。

形容詞「らうたし」（形容動詞「らうたげなり」）を辞書で調べると、たしかに「かわいらしい」「愛らしい」と書いてありますが、こんな説明も書かれている。

「手を貸していたわりたくなるようなかわいらしい様子」

「弱々しく無力なものをなんとかしてやりたいという気持ちが伴ったかわいらしさ」

「らうたし」「らうたげなり」はこんなニュアンスをもつ単語なんだ。**単語を覚えるときに大切にしてほしいのは、このモヤッとした全体のイメージ・ニュアンスをつかむこと。**その ために必要な勉強は、意味だけを丸暗記したりゴロで覚えたりするのではなく、語のもって いるイメージ・ニュアンスをつかむように、辞書や単語集の**説明部分をしっかり吸収するこ**となんだ。学校や予備校の先生がよく**「辞書は引くのではなく、読みなさい」**と言うのは、こういうことを指しているんだね。

そうすると、この「らうたげに」の訳としては、「**いじらしい**」「**いじらしげに**」の①と②も候補に残ることがわかるだろう。「いじらしい」って、日々の生活ではあまり使わないかもしれないけど、「幼い子どもや弱い者などの振る舞いが、なんともあわれで同情したくなる感じである」ということ。選択肢の言葉の意味がわからないと厳しいね。

古文単語を「ただ訳を丸暗記すればいいや」と考えている受験生の勉強法に対して「ちょっと待て！」と言うために、こういう問題を出題者が作っているんだと僕は思います。

「二段階攻撃」で攻めよう！

さて、「聞こゆ」で①と⑤に絞りこみをかけたら、次はどこを見ようか？　じつは、この**「どこをチェックするか?」という意識がとても大切です**。

かりに、文法「めり」「し」(「き」の連体形)で選択肢をチェックすると、どちらも婉曲・推定の「めり」(〜ようだ)、過去「き」の解釈がされているので、ここは勝負所ではないことがわかるよね。

そこで、先ほど話題に出た「らうたげに」を見てみよう。⑤の「かわいそうなことに」を切れば、答えは①と出るね。

ここでみんなに知っておいてもらいたいことは、**二つ以上の「チェックポイント(＝出題意図)」を探し、一つ目のチェックポイントで選択肢を絞り、二つ目のチェックポイントで残った選択肢から解答を決定するというプロセス**です。つまり、**「二段階攻撃」で解答を導け!** ということ。

どうしてこれが重要かというと、**正確に解く**ためということと、**時間短縮にとても有効**なやり方だからです。高得点をとる受験生は自然とこのやり方が身についています。本書を読んでくれている皆さんも、ぜひ実践してみてください。

チェックポイントをしっかり見つけるためには、**選択肢の全体をザッと「鳥の目」で俯瞰《ふかん》し、「どの部分が出題意図なのかな?」という意識を常にもつ**ことです。

よし、ではここで皆さんに実践してほしいことをまとめておこう。

スゴ技 16

「解釈型」は次の手順で解け。

①まず選択肢全体を「鳥の目」で見渡す。
②問題に仕込まれた二つの「チェックポイント（出題意図）」を見破る。
（チェックポイントは「敬語」「重要単語」「助動詞・助詞の訳」を意識せよ！）
③一つ目のチェックポイントで選択肢を二つか三つに絞り込む。
④残った選択肢から、二つ目のチェックポイントで答えを決定する。（二段階攻撃）
⑤文脈判断は後回し！

「解釈型」でやっかいなのは、長めの傍線部が出題されたとき。このやり方をマスターすれば、万一、長めの傍線部が出題されても、落ち着いて解くことができますよ。

“文脈判断もしなければいけない場合”

では、「解釈型」の発展問題をやってみましょう。

ミッション 06

次の問いに答えよ。

制限時間 1分

（主人公の「帥《そち》の君」が右大臣の口添えにより大宰《だざい》の帥に任官し、一家で九州に向かうことになった。主人公が大臣に別れの挨拶《あいさつ》に訪れた場面）

大臣はかねて御心まうけありて、帥の君に名高き帯とかしこき御馬二つ、北の方にとて綾百疋《あやももむら》、姫君の御料にとていと清らなる御衣《おんぞ》一領《ひとくだり》、若君の御料をさへ細やかに心して奉り給ひて、童《わらは》・下使ひなどまでに、禄《ろく》どもあまたかづけ給ふ。

問 傍線部の解釈として最も適当なものを、次の①〜⑤のうちから一つ選べ。

難易度 ★★☆☆☆

① 褒美の着物を次々と着せ掛けなさる

② 任官の俸給を十分に支給なさる

③ 大宰府への伝言をあれこれとお託しになる
④ 祝儀の品々をたくさんお与えになる
⑤ お祝いの衣装を何枚も重ね着なさる

では、解いていこう。傍線部「禄どもあまたかづけ給ふ」のチェックポイント(出題意図)ってなんだろう? **この自問自答がとても大事です。** 助動詞・助詞がないから文法はなさそうだね。おっと、「給ふ」があるな。覚えていますか? **「敬語に着目するのが大切!」**でしたね。残念ながら、ここではどの選択肢も尊敬語になっているので、敬語が出題意図ではありません。じゃあなんだ?「禄」?「あまた」?「かづけ」? こういうふうに、**選択肢全体ではなく、部分部分をチェックしていく心がけで解くことが大切です。**

“やってはいけない! 最悪の解き方”

ところで、こんな解き方をしてる人はいないかな?

「傍線部の前に、『童・下使ひなどまでに、』ってあるな。主語は大臣でしょ、童や下仕えの者たちが客体だから、ご褒美だろう。答えは①だ!」

これは本当にやってはいけません。**出題意図をまったく意識していない。**こういうふうに**文の流れにあてはめてスッと通るような誤答選択肢を出題者は用意しているんだ。**だから、文脈だけで解こうとするのは、愚《ぐ》の骨頂《こっちょう》、出題者のひっかけに自分からハマりに行くようなものです。

“単語の意味も最後は文脈だ”

まず「禄」を考えてみようか。「禄」には、①給与、②褒美、③祝儀などの意味がある。そこで、③の「伝言」はおかしいぞということになるので、切ってしまおう。①「褒美」、②「俸給」（給料のことだね）、④「祝儀」、⑤「お祝い（の衣装）」、はＯＫだ。

ここで、覚えておいてほしいことが一つ。**たとえ、どんなに内容的にしっくりくるものでも、辞書的な本来の意味にはない③「伝言」が正解になることは絶対にない。**逆に①②④⑤のどれが正解かは文脈で判断すればいい。**「辞書的な意味」で間違っているものをそぎ落とし、次に文脈で合わせること。**

スゴ技 17

語句の意味は次の順序で考えよ。
①「辞書的な意味」で間違っているものをそぎ落とす。
②そのうえで文脈で考える。（＝傍線部の主体・客体を補って読む。）
※多義語は狙われやすいので注意！

文脈で考えると、主人公の帥の君は大臣に別れの挨拶に来ているわけだから、大臣が帥の君の童や下仕えの者に「褒美」をあげる理由はないし、「俸給」を払うのもおかしい。①と②も切れるね。こうやって、主体・客体の人物関係をしっかりと把握したうえで取り組むことも大切なんだ。だから、**傍線部が長めの語句問題では傍線部の主体・客体を補う**と解きやすくなるよ。

~~①~~ ~~褒美の着物~~を次々と着せ掛けなさる
~~②~~ ~~仕官の俸給~~を十分に支給なさる
~~③~~ ~~大宰府への伝書~~をあれこれとお託しになる

1時間目
2時間目
3時間目
4時間目
5時間目
6時間目
7時間目
8時間目
9時間目
10時間目

④ 祝儀の品々をたくさんお与えになる
⑤ お祝いの衣装を何枚も重ね着なさる

二つ目のチェックポイントとして、「かづけ」を考えましょう。「かづく」は四段活用と下二段活用の両方の活用をもつ動詞で、四段活用では①かぶる、②（褒美・引き出物などを）いただく、下二段活用では①かぶせる、②（褒美・引き出物などを）与える、という意味になる。

この「かづけ」は連用形（**補助動詞「給ふ」の上だから**）なので、下二段活用の「かづく」だとわかります。④は「お与えになる」ですが、⑤は「重ね着なさる」になっています。これで答えが出たね。正解は④だ。

文脈をとらえることも大切ですが、しっかりと重要単語の意味や文法・敬語もとらえましょう。

どこがチェックポイント（＝**出題意図**）**になっているのかを見抜く力も、これらの基礎力があってのもの**です。だから、基礎力をつけることが、選択肢を選ぶ「上手さ」につながるんだよ。

知らないと解けない！「知識一発型」

最後に、「出題意図を考える」よりも、「知っているか知らないか」が勝負の分かれ目、「知識一発型」について軽く触れておきましょう。これは知識問題なので、日頃から覚えるべきことを覚えるのが一番の対策です。例を挙げてみましょう。

07 ミッション

次の問いに答えよ。

制限時間 0.2分

問 「いざ、給へかし」の解釈として最も適当なものを、次の①～⑤のうちから一つ選べ。

難易度 ★★☆☆☆

① まあ、あれをご覧なさいよ
② まあ、そこにおすわりなさいよ
③ まあ、あなたの好きになさいよ
④ さあ、こちらへおいでなさいな
⑤ さあ、わたしにお渡しなさいな

1時間目 2時間目 3時間目 4時間目 5時間目 6時間目 7時間目 8時間目 9時間目 10時間目

受験生だったら即答できないといけないよ！　「いざ給へ」は「さあ、いらっしゃい」という意味だ。答えは④だね。

出たら危ない「知識一発型」の対策は、**とにかく知識を増やすこと！**　これしかない。巻末資料にある単語は絶っ対におさえてね。

“古文常識にも注意！”

最後にもう一つやってみよう。

08 ミッション

次の問いに答えよ。

制限時間 0.5分

（病の床に臥《ふ》していた筆者の娘がいよいよ臨終かというとき、周囲の人々に話しかける場面）

聞く人みな肝魂も消え失せぬ。いかなる岩木もえたふまじく、上中下声をあげて等しく、さと泣きけり。

問　傍線部の解釈として最も適当なものを、次の①～⑤のうちから一つ選べ。

難易度 ★★☆☆☆

① どんな強情な人も、我慢できなくて

② どんな頑強な人も、我慢できそうになくて
③ どんな薄情な人も、こらえることができなくて
④ どんな非情な人も、こらえられそうになくて
⑤ どんな気丈な人も、こらえきれなくて

この問題、「えたふまじく」の部分は、「我慢することができそうにない」という意味（**「え～打消」は不可能**の意味で、**「まじ」は打消推量**）だから、②と④が残るね。

「二段階攻撃」の仕上げは、前半の「いかなる岩木も」。選択肢を見渡すと、「いかなる」は全部「どんな」だから、結局「岩木」しか聞いていない。

「岩木」や「木石」は、「情をもたないもの」の比喩《ひゆ》表現。単語集にはあまり載っていない語なので、これは**古文常識が問われている**と言えるね。答えは④だ。

語句問題の解法、わかったかな？ **どこが出題意図なのかじっくり二段階で攻める「解釈型」タイプ**と、**知識をストレートにズバリ答える「知識一発型」**のどちらなのかをとらえて、この問題、今日からは満点を目指そう！

以下に、手順をまとめておくよ。

スゴ技18

「語句問題」を見極めよ。

傍線部を読む

- 慣用表現や古文常識をズバリ問うもの

→ **知識一発型**

日頃から基礎力を鍛えておくことが決め手！

- 解釈問題っぽい
- 文脈と関係ありそう

→ **解釈型**

スゴ技16の解き方をマスターせよ！

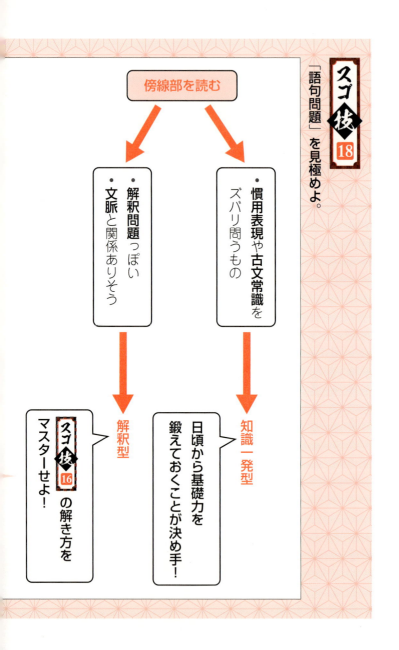

長い傍線部が出たらこう解く！

・「**鳥の目**」で選択肢全体を見渡す

↓

・**チェックポイント（＝出題意図）二つを見破る**
（「敬語」「重要単語」「助動詞・助詞の訳」に注意）

↓

「**二段階攻撃**」で攻めよ！

・**一つ目のチェックポイントで選択肢を絞り込む**

↓

・**二つ目のチェックポイントで答えを決定**！

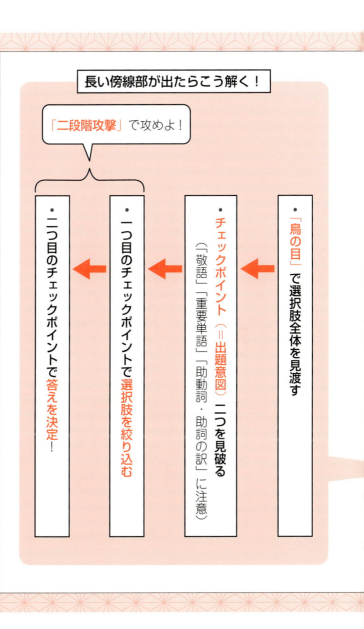

6 時間目

「和歌解釈」の必勝ポイントはココだ！

“古文では和歌からは逃げられない！”

受験生が古文で最も苦手としているのは、和歌じゃないだろうか。たしかに、予備校でも「和歌が苦手で……」と相談にくる受験生は多い。

苦手なものを避けて通りたいという気持ちはわかります。でも、**かつてのセンター試験では和歌が出題された年が圧倒的に多かった**んだ。**だから共通テストでも「和歌は必ず出題される」くらいの心構えで対策を立てたほうが絶対トク**だよ。しかも、国公立二次試験や難関私大でも、和歌はこれでもかというくらい出題されるから、ここでしっかりやっておけば、一度の勉強で二度も三度もオイシイ。圧倒的優位に立てるはずだ。

じゃあ、この時間はいっちょ気合いを入れて、「和歌への対処法」を基本の基本からやってみよう。いままで和歌から逃げていた人も、丁寧にアプローチを学んでいけば、きっとできるようになるよ。

和歌は和歌から考えるな！

では、和歌解釈はどこからスタートすればいいのか。そこから説明しよう。

ズバリ、和歌は和歌から考えるな！

えっ、和歌の解釈をするんじゃないの？

勘違いしないでほしい。**和歌は、「誰が」「誰に」「どうして（どんな状況で）」詠んだものかを把握しないで解釈に突入すると、ものすごく難しいんだ。**まずは、周辺の情報を固めるのが大事だ。

次に、**「普通文に改造せよ」**。「五・七・五・七・七」って五つの句に分解した後、**句切れを確認する。**意味上どの句のおしまいで切れているのかを把握する作業です。これをすることで、和歌に「。」をつけて、**普通文に接する意識で読めるようになるよ。**必ずやってね！

注意点は、**「句切れはリズムで考えるな」**ということ。**文法的に句点が打てる箇所を探す。**とりあえず、**「終止形」「命令形」「終助詞」「係り結びの『結び』」**を探せばＯＫ（なお、句切れは一か所とは限らない。また、「句切れなし」もあるよ）。

最後に、具体的な修辞について考えればいい。共通テストでは、**「掛詞《かけことば》」「枕詞《まくらことば》」「序詞《じょことば》」「縁語《えんご》」**をおさえておけばOK。それぞれについて、詳しくは後で説明しよう。

「和歌が出た！」って身構えて、**文脈も句切れも無視していきなり修辞から考える人がいるけど、それはナンセンス**。じつは、和歌の解釈で悩んでいる人は、和歌そのものがわからないというより、**この手順を無視してムリヤリ解釈しようとしている人が大半**です。前後の文脈も知らない、和歌の構造も把握していない、これじゃあ正しく解釈するのは無理だよ～。

わかりやすいところから攻めていこう。手順をまとめておきます。

スゴ技 19

和歌の解釈は次の手順で解け。

①和歌は和歌から考えるな！

↓直前・直後の文脈を確認（特に直前は必ずおさえよ！）

（「誰が」、「誰に」、「どうして」、「どんな状況で」、詠んでいるのかをしっかりチェック！）

②普通文に改造せよ！

（「終止形」「命令形」「終助詞」「係り結びの『結び』」などの下に句点「。」を打つ）

③最後に、修辞について考えよ！
（「掛詞」「枕詞」「序詞」「縁語」があるかを考える）

“句切れがわかれば和歌解釈に一歩近づける”

では、「**句切れ**」をちょっと練習しておこう。次の和歌は何句切れかわかるかな？

① 人はいさ　心も知らず　ふるさとは　花ぞ昔の　香ににほひける
② 都をば　霞《かすみ》とともに　たちしかど　秋風ぞ吹く　白河《しらかは》の関
③ 心あらむ　人に見せばや　津《つ》の国の　難波《なには》わたりの　春のけしきを

全部三句切れだと思った人はリズムでやっているよ。「**句切れはリズムで考えるな**」だったね。

①
人はいさ　心も知らず。（終止形！）／ふるさとは　花ぞ昔の　香ににほひける

訳 人はさあ、どうだか気持ちはわからない。（でも）昔なじみのこの土地では、花が昔のままの香りを放っていることだよ。

この歌には、打消の助動詞「ず」の**終止形**が二句末にあるね。よって**二句切れ**。

②
都をば　霞とともに　たちしかど　秋風ぞ吹く。（係り結び！）／白河の関

訳 都を春の霞が立つとともに出発したが、早くも秋風の吹く季節となってしまったことだ。この白河の関に来てみると。

この歌では、係助詞の「ぞ」と四句末の「吹く」が**係り結び**になっているね。よって**四句切れ**。

③
心あらむ　人に見せばや。（終助詞！）／津の国の　難波わたりの　春のけしきを

訳 情趣を解する人に見せたいものだ。ここ津の国の難波あたりの春のありさまを。

この歌には、**終助詞**「ばや」が二句末にあるね。よって**二句切れ**。

どうだい？ 句切れを意識するだけで、難しそうな和歌も普通の文に見えてきたでしょう？

では、和歌をもうちょっと深く学んでみよう。

「景」と「情」の両面から考えよう

和歌を解釈するうえでおさえてほしいことが一つ。和歌は、**自然の景物などを表す「景」**と、**心情やメッセージを表す「情」**にあたる内容とが結びついてできているものが多いんだ。だから、**表面的に描かれている「景」の奥にある「情」は何かな？って考えることが特に大事。**

だからこそ スゴ技19 の①で言ったように、「**和歌の直前・直後の文脈**（＝**誰が、誰に、どうして、どんな状況で**）**をしっかり把握する**」ことが大切なんだ。和歌が詠まれるいきさつが理解できていないと、「情」の把握は難しい。登場人物の「情」を理解せずに和歌に突入したって苦戦するに決まっています。

そして、受験生を悩ます「和歌の修辞」も、この「景」と「情」に関係しているものが多い。まず、和歌に含まれるこの「景」「情」の両面を意識しながら読み解く習慣をつけよう。

スゴ技20

和歌は「景」と「情」の両面から考えよ！

⬇そのために、「誰が」「誰に」「どうして」「どんな状況で」詠んだものかという直前直後の文脈把握が絶対必要！

頻出《ひんしゅつ》の修辞「掛詞」

さあ、それでは具体的な和歌の修辞を紹介しましょう。まずは掛詞から。

「掛詞《かけことば》」**とは、同音異義語を使って、一つの言葉に複数の意味をもたせる修辞のこと**。複数の意味をもっているわけだから、**訳すときにはすべての意味を訳出しないといけない**んだ。

和歌の修辞の中では最もオーソドックスな修辞なので**設問に絡んでくる可能性大だ**。必ずマスターしよう。

「う〜ん、掛詞の定義は知ってるんだけど、和歌の中にあるとパッと気づかないんだよね〜」という人にアドバイス。掛詞を発見するコツをつかむんだ。

① 頻出掛詞をおさえておく

掛詞って、同じようなものが**あちこちの和歌で「使い回し」されている**ことが多いんだ。だから、**よく出る掛詞をチェックしておく**のは賢い方法だよ。「頻出掛詞」は、どの文法書にも、高校で使われている「国語便覧」にも載っている。ザッと目を通しておくのがオススメ。**巻末資料に、僕が暗記をオススメする必修掛詞を15個厳選して挙げておきます。**本番までに覚えてね！

また、高校や予備校での授業で扱ったもの、模試や問題集で登場したものは記憶に残りやすい。せっかくだから覚えてしまおう。そのとき覚えた掛詞が、本番で出るかもしれないよ。

② ひらがなの語句に着目してみる

複数の意味を表すため、掛詞になっている語句は**ひらがなで表記されている**ことが結構多い。次の和歌を例にしてみよう。

秋の野に　人まつ虫の　声すなり　我かと行きて　いざとぶらはむ

訳 秋の野に人を待つという松虫の声がするようだ。私を待っているのかと、行ってさあ尋ねよう。

この**「まつ」は、「待つ」と「松」の掛詞**。異なる二つの漢字があてはまる「まつ」だから、ひらがな表記にしてあるんだ。

もちろん、助詞や助動詞はひらがなに決まってるから、名詞を中心にチェックするといい。

ただし、**必ずひらがなで表記されているというわけではないので注意**。ヒントにするくらいのつもりで考えてね。

③「転換型」掛詞に注意！

掛詞のパターンとして、ぜひ知っておいてほしいのがコレ。

次の和歌を例に考えてみよう。

霞立ち　木の芽もはるの　雪降れば　花なき里も　花ぞ散りける

訳 霞が立ち木の芽もふくらむ春の季節に雪が降ると、まるでまだ花の咲かないこの里にも花が散っているようだなあ。

この和歌は、こういう構造になっているんだ。

> 霞立ち　木の芽も**はる**の雪降れば　花なき里も　花ぞ散りける
>
> （はる → 張る／春）

「木の芽もプックリふくらんで張る」という内容と、「春の雪が降る」という内容があるのがわかったかな？　**このニつの文脈を架け橋のようにつなぎながら、文脈を転換しているのが「はる」という掛詞だ。**これを踏まえて、両方の意味を訳出しながら、解釈すればOKだ。

なお、このタイプの掛詞の場合、二度訳してみて意味がつながるわけだから、一つの意味だけで解釈してしまうと、解釈がなんとなく不自然になる。だから、ザッと訳してみて、意味がうまく通らない箇所は掛詞があるかもしれないぞと注意しておこうね！

④「語構成が完全一致」しなくてもOK

たとえば、「生野《いくの》」という掛詞には「**生野**」と「**行く**」という意味が掛けられる。このように、**片方の意味が、語の一部だけに掛かるもの**もあるんだ。

また、「**流る**」と「**泣かる**」（「泣く」＋助動詞「る」）のように、**二語以上にまたがっていてもよい**。さらに、この例でもわかるように、「**なかる**」と「**ながる**」は**清音と濁音《だくおん》の違いがあるけど、これも掛詞と認められる**。つまり、掛詞って、語構成や清濁音が「完全一致」してなくても許されるわけだから、頭を柔らか～くして考えよう。

⑤ 固有名詞に注意！

最後に、**最も警戒したいのが固有名詞、特に地名だ**。直前で話題になっている地名や人名があったら絶対にチェックすること。つまり、スゴ技19 ①「和歌の直前・直後の文脈をしっかり把握する」のが重要だということ！

> 大《おほ》江《え》山《やま》　いく野の道の　遠ければ　まだふみも見ず　天《あま》の橋立《はしだて》
>
> 訳 大江山を越えて生野へ行く道が遠いので、天の橋立はまだ踏んでみたことがなく、（母からの）手紙もまだ見ていません。

この和歌では、**地名「生野」の「いく」の部分に「行く」が掛かっているんだ**。「いく野」と「いく」がひらがなで書かれているのは、②で説明した通り。

なお、この歌にはもう一つ掛詞がある。「**ふみ**」が「**踏み**」と「**文**（手紙）」の掛詞になっているんだ。

スゴ技 21

掛詞を発見するための注意点はココだ！

①頻出掛詞をおさえておく。

（「使い回し」が多いので、巻末資料や文法書にある一覧にザッと目を通しておくとよい）

②ひらがなの語句に着目してみる。

（ただし、必ずひらがなで表記されているわけではないので注意！）

③「転換型」掛詞に注意！

（ザッと訳してみて意味がうまく通らない点に注意！）

④「語と語が完全一致」しなくてもOK。

（語の一部だけを掛けたり、二語以上にまたがっていてもOK。清音・濁音の違いも許容）

⑤固有名詞に注意！

（特に「地名」は掛詞になることが多い！）

では、掛詞のポイントをつかめたら、掛詞を指摘できるかどうか練習してみよう。

ミッション 09

次の問いに答えよ。

制限時間 1分

難易度 ★☆☆☆

問 次の和歌の掛詞を説明せよ。

（男の来訪が途絶えて、恨みがましい気持ちを詠んだ女の歌）

人心あきのしるしの悲しきにかれ行《ゆ》くほどのけしきなりけり

文脈は「男女の別れ」。これを踏まえれば「**秋／飽《あ》き**」「**枯れ／離《か》れ**」という「必修掛詞」を使って詠んでいることがわかるよね。**スゴ技20**「和歌は『景』と『情』の両面から考えよ！」を思い出してほしい。**男に対する恨みがましい気持ち**（＝「**情**」）**を、秋の枯れゆく景色**（＝「**景**」）**と重ね合わせて詠んでいるよね**。こういうふうに和歌を見つめることができたら、わかってきた証拠だよ。答えは、「『**あき**』が『**秋**』と『**飽き**』、『**かれ**』が『**枯れ**』と『**離れ**』の掛詞になっている」。

訳 季節は秋になり、あの方の心も私に飽きてしまったような兆しが悲しく思われるが、草木が枯れていくように、あの方も私から離れていく様子であるなあ。

枕詞は知識問題

じゃあ次は「**枕詞《まくらことば》**」にいこう。「**枕詞**」とは、**ある語句を導くために前に置かれる語で、五音のものが多い**。調子を整えるために置くものだから**特に訳さないでいいんだ**。たとえば、「あかねさす」は「日」を導く枕詞。「くさまくら」は「旅」を導く枕詞だ。どちらも訳出されることはない。「キングカズ」や、「ゴジラ松井」などと似ている感覚だね。「カズ」や「松井」を口にするときに自然に頭につけてしまうもの、つけるとなんとなく調子がいいもの、枕詞ってこんな感じのものだって考えればいいんです。

共通テストでは、枕詞が出るとしたら和歌の修辞についての説明問題に絡んでくる程度だと思われます。解釈は不要なので、有名なものだけをザッと巻末資料に挙げておきます。

縁語は掛詞と密接な関係！

「**縁語《えんご》**」とは、**和歌の中に、いくつかの密接なつながりをもつ語**（＝**縁《ゆかり》のある語**）**を散りばめておく修辞**です。ある一つの名詞を中心として、関連語が和歌の中にあるって考えるとわかりやすいよ。そして、**掛詞となっている語の一方の意味が縁語になっていることが多いんだ。**

次の和歌を見てみよう。掛詞に気づくかな？

いづくにか　今宵《こよひ》は宿を　かり衣《ごろも》　ひもゆふ暮れの　峰の嵐に

そう、宿を「かり」「かり衣」となっているから、「借り」と「狩衣《かりごろも》」の掛詞だとわかるね。それから、「ひもゆふ暮れ」は、「日も」「夕暮れ」の意味だとわかるね。じつは、この「日も」に「紐《ひも》」が、「夕」に「結《ゆ》ふ」が掛かって、掛詞になっているんだ。どうしてそれがわかるかというと、「狩衣」という名詞を中心に、「紐」や「結ふ」という**「衣服に縁のある語」**が和歌中に散りばめられていると考えられるからなんだ。

		狩衣	紐	結ふ	↓**縁語！**	
いづくにか	今宵は宿を	かり衣	ひも	ゆふ	暮れの	峰の嵐に
		借り	日も	夕		

スゴ技 22

掛詞の一方の意味が縁語になっていることが多い。

⬇縁語が出題されたら、掛詞の箇所に着目するとヒントになる。
（逆に掛詞を考えるときに、縁語がヒントになる。）

“訳に注意！”

ここでちょっとアドバイス。掛詞を全部訳にモリモリ盛り込んでこの和歌を解釈しようとすると、何を言っているかわけのわからない訳になってしまわないだろうか？
「今夜はどこに宿を借りて狩衣の紐を結び日も夕暮れになった……」なんて訳したらわけがわからない！　これはどういうこと？　掛詞って両方の意味を訳すんじゃないの？
そう、**掛詞の一方が縁語になっている場合は、縁語になっているほうは無理に訳さなくてもいいのです**。この和歌で言うと、**「狩衣」「紐」「結ふ」は、縁語でお仕事終了**、と考えておこう。だから、意味（解釈）の世界には持ち込まないってわけ。

「どこに今夜は宿を借りたらよいのだろうか。もう日も夕暮れになり、峰には嵐が吹き荒んでいるのに」と解釈しておけばＯＫ！

スゴ技 23
掛詞の一方が縁語になっている場合、無理に訳出しなくてＯＫ。

“最後の難敵「序詞」”

最後に、「序詞」を紹介しよう。

「序詞《じょことば》」**とは、歌で訴えたい「情」の部分をより鮮やかに強調するための「序」**（イントロ、前フリ）**になるもの**なんだ。ある語句を強調して導き出すんだけど、枕詞と異なり音節数が決まっていない（普通は**七音以上**だと思ってください）。

また、枕詞は特定の結びつく語が決まっていた（＝覚えればＯＫだった）。だけど、序詞は詠み手が自由に創作することができ（つまり**枕詞のように暗記はできない**）、**しかも訳出**

する必要があるんだ。

かつてのセンター試験では、「この和歌についての説明として正しいものを選べ」なんて、修辞を問われたことだってある。序詞も対策が必要だ。

序詞には三種類ある。それぞれ例を挙げながら解説しよう。

① 比喩《ひゆ》で導き出す「比喩型」

あしひきの　山鳥の尾の　しだり尾の　長々し夜を　ひとりかも寝む

この和歌で訴えたいことってなんだろう。山鳥のシッポのこと、じゃないよね。それは「景」だ。**訴えたいこと**（＝「**情**」）**は、後半の「長い長い夜をわびしくひとりで寝るのが寂しい！」だね**。この「情」へ切り替わる部分の最初「長々し」を強調するときに、**「比喩」を使って訴えるパワーを大きくしている**。現代だと「象さんの鼻」「キリンさんの首」だろうか。古文の世界では、「山鳥のだらんと垂れ下がった尻尾」になるわけ。

「景」＝序詞　　強調！　　和歌で訴えたい「情」

あしひきの　山鳥の尾の　しだり尾の　長々し夜を　ひとりかも寝む

訳 山鳥のあの垂れ下がった尾のように、長い長い夜をただ寂しくひとりで寝るのかなあ。

② 音を重ねて導き出す「同音繰り返し型」

駿河《するが》なる　宇津《うつ》の山べの　うつつにも　夢にも人に　あはぬなりけり

この和歌の「情」はなんだろう。そう、これも**後半の部分**、「**現実（うつつ）でも夢でも恋しい人に会えないんだ**」**という部分**。ちょっと切ない「情」だ。

序詞が含まれる和歌の場合、**前半に前フリの「景」（つまりこの部分が「序詞」）**、**後半にメインである「情」（和歌で訴えたいこと）という構造になる**よ。これをつかんでおくとわかりやすい。

この「うつつ」の部分を引っ張り出してくるために、「宇津」という語（地名）を置いて、**音の繰り返しによる強調**を狙ったのがこのタイプ。現代だと、某CMの「ぐるぐるぐるぐるグルコサミン♪」ってあるでしょ？　あれも「同音繰り返し型」だよ。

「景」＝序詞　強調！　和歌で訴えたい「情」

駿河なる　宇津の山べの　うつつにも　夢にも人に　あはぬなりけり

訳　駿河の国にある宇津の山、その「うつつ」ではないが、うつつ（現実）でも夢の中でもあなたに会わなかったことだよ。

③ 掛詞で導き出す「掛詞型」

風吹けば　沖つ白波　たつた山　夜半にや君が　ひとり越ゆらむ

「序詞」の最後は、掛詞を使って導くタイプのものだ。

この和歌の「情」はなんだろう。後半の部分に注目しよう。「**龍田山**《たつたやま》**を夜中にいまごろあなたが一人で越えているのだろうか**」**と、妻が夫を心配している歌**なんだ。この「龍田山」の部分を強調して引っ張り出してくるために、**「（白波が）立つ」という掛詞を使っているんだ。**

「景」＝序詞　強調！　和歌で訴えたい「情」

風吹けば　沖つ白波　たつた山　夜半にや君が　ひとり越ゆらむ

訳 風が吹くと沖の白波が立つ、その「立つ」ではないが、龍田山を夜中にいまごろあなたが一人で越えているのだろうか。

三タイプある「序詞」はわかったかな？

まとめると、序詞というのは、和歌で訴えたいこと（＝「情」）を直接表したものではなく、**「強調したい『情』を導き出す働きをしている部分」**だって考えちゃえばいい。

そして、「序詞」の部分は結局「景」なのだから、**和歌全体の「情」を把握するためには、後半部分で訴えていることをちゃんととらえる必要がある。**だから、共通テストで序詞が含まれる和歌の主旨を問われたら、後半が要注意だ。**後半の「情」を説明した選択肢を選ばないといけない。**くれぐれも、「景」である「序詞」を「訴えたいこと」だと勘違いしないように。

スゴ技 24

序詞は「和歌で強調したい『情』を導き出す前フリ」と心得よ。

①比喩で導き出す「比喩型」

②音を重ねて導き出す「同音繰り返し型」

③掛詞で導き出す「掛詞型」

➡和歌の主旨を問われたら後半が要注意だ。「情」を説明した選択肢を選べ！

和歌もこれだけやれば大丈夫。何度も読み返して和歌に強くなれば、ここは差をつけられるチャンスだよ。

この時間は和歌に関する必要事項をふんだんに説明しました。内容が把握できれば、いままで学んだ選択肢を見破る「スゴ技」と組み合わせることで正解に近づけるよ。

あと少し、がんばろう！

作戦会議

共通テストに挑め！

“ここからが本番だ！”

ここまで古文の基礎学力を身につけてもらいました。**どの大学を受験するにもきっと役立つ基礎力になったはず。**では、いよいよ「共通テスト」対策の核心に迫っていきましょう！

「共通テストの古文ってズバリ何が出るの？」それはね、１００パーセント正確なことは誰にもわかりません。試験の傾向というのは、何年かのデータを取ってそれに基づいて、ここをおさえるべきだというのがやっとわかります。そんなことを言うと、「えっ、じゃあ、共通テストは何もわからないまま試験に臨まなきゃいけないの？」と不安になってしまうよね。

「共通テスト」は前身の「センター試験」を衣替えしたものだから、「センター試験」の過去問が参考になります。だから受験生は、「もう違う試験だから関係ないや」と思わないで、**センターの過去問も最低三年分はやっておこう。**良問だから実力養成にも役立つよ。あとは、

新しいタイプの出題にどう対応するかだね。

じつは、本番を迎えるための予行として大学入試センターは複数回「共通テスト試行調査」というものをやっています。「新しい共通テストは、こんな感じに出題しますよ～」ということを出題者である大学入試センターが発表したものがあるんだ。当然、これをやらない手はないよね。

だから、受験生は「共通テスト対策」のために以下のことをやっておこう。

---

①**まずは、基礎力を固める。本書の6時間目までの内容と、重要単語・文法はしっかりと！**

②**「センター試験」の過去問**（とりあえず三年分）**を利用して、マーク式の形式に慣れること。**

③**本書の7時間目～10時間目を使って、特徴的な出題に対応できるようにする。**

共通テスト対策のポイントはココだ！

まずは「共通テスト」の基礎知識として以下のことをおさえておこう（２０１８年までに実施された「共通テスト試行調査」を参考にした分析です）。

①以前の「センター試験」よりも本文が短くなったように見えるが、問５に古文を含んだ長い会話文があり、**読む量は多いので注意**（**つまり基礎力を身につけずにモタモタしていると時間が足りなくなる！**）。

２０１７年度の試行調査では、**【文章Ⅰ】**から**【文章Ⅲ】**まで**本文が三つ（！）**出題された。

⬇**複数の素材を、分析・評価させる問題が軸となる！　この問題に慣れておこう。**

②単独の文法問題は出題されていないが、よく見ると文法力を検査している問題がある。

⬇**「文法は出ないからやらない」は通用しないよ！　しっかり勉強しよう。**

③選択肢の長さはセンターよりも短くなっている。本文が長い分、選択肢のボリュームは短め。

⬇**簡単というわけではない！　選択肢が抽象的になっているので、本文を「読んで」「設問に自分で説明」できないとダメ！**

④表現の効果を問う問題に注意。

⬇センターとは違うタイプの問題が出るかもしれないので注意！

⑤会話を評価させる問題に注意。

⬇「教師と生徒の会話」のような問題が出るかもしれないので注意！　「引き歌表現」にも注意！

それでは、7時間目から9時間目までは、2018年度に実施された「共通テスト試行調査」を主に活用して、対策を立てていきましょう！　そして、最後の時間では新しい問題を使用して実戦力を磨きます。しっかりついてきてね！

7時間目

「心情把握問題」では主観をはさむな！

登場人物の心情を読者が勝手に想像しちゃダメ！

さあ、いよいよ設問ごとに具体的な戦略を練っていきましょう！　勝負はここから。解き方がわかれば、共通テストなんて全然怖くない！

古文には、**登場人物の心情**を尋ねる設問があるね。「このときの●●の心情の説明として最も適当なものを選びなさい」とか「この●●の発言にはどのような気持ちがこめられているか？」というふうに問われる問題だね。

この時間のタイトル「『心情把握問題』では主観をはさむな！」には、「**間違った解き方をする受験生**」**への注意**が具体的に含まれているんだ。どういうことかというと、みんな心情は「主観」で解くものだと思っている。思っていなくても、いざ解こうとすると自分勝手に登場人物の「心情」を頭の中で想像して、間違えてしまっていないだろうか？　もちろん、**出題者もそれを知っている**。ダミーの選択肢には、いかにもありそうな選択肢を入れておく。

そうやって解いている人をひっかけるというわけです。

だから「**主観**」や「**思い込み**」ではなく、**正しい「解き方」を身につけなくちゃいけない。**

そこで、心情把握問題を解くうえでのポイントを分析してみよう！

次の問いを、本文を少し読み込んでから答えてほしい。制限時間は3分だ。

10 ミッション

次の問いに答えよ。

制限時間 3 分

次の文章は、『兵部卿《ひょうぶきょう》物語』の一節である。兵部卿の宮の恋人は宮の前から姿を消し、「按察使《あぜち》の君」という名で右大臣の姫君のもとに女房として出仕した。宮はそれとは知らず、周囲の勧めに従って右大臣の姫君と結婚した。以下の文章はそれに続く場面である。これを読んで、後の問いに答えよ。

宮つくづくと御覧ずるに、白菊の歌書きたる筆は、ただいま思ほし出でし人の、「草の庵《いほり》」(注)と書き捨てたるに紛《まが》ふべうもあらぬが、いと心もとなくて、「さまざまなる筆どもかな。誰々《たれたれ》ならん」など、ことなしびに問はせ給へど、うちそばみおはするを、小さき童女《わらは》の御前に候ひしを、「この絵は誰が書きたるぞ。ありのままに言ひなば、いとおもしろく我も書きて見せなん」とすかし給へば、「この菊は御前なん書かせ給ふ。『いと悪《あ》し』とて書き消させ給へば、わびて、按察使の君、この歌を書き添へ給うつ」と語り聞こゆれば、姫君は「いと差し過ぎたり」と、恥ぢらひおはす。

（注）「草の庵」と書き捨てたる――按察使の君が姿を消す前に兵部卿の宮に書き残した和歌の筆跡。

問 傍線部「恥ぢらひおはす」とあるが、この時の姫君の心情の説明として最も適当なものを、次の①～⑤のうちから一つ選べ。

難易度 ★★★★☆

① 宮に会うのを嫌がっている按察使の君の様子が気の毒なので、長々と引き止めてしまった自分を恥じている。

② 按察使の君の見事な筆跡に宮が目を奪われているのを見て、自分が描いた絵のつたなさを恥ずかしく思っている。

③ 白菊の絵をめぐるやりとりを童女が進んで宮に話してしまったので、自らの教育が行き届かなかったと恥じている。

④ 配慮を欠いた童女のおしゃべりのせいで、自分たちのたわいない遊びの子細を宮に知られて恥ずかしく思っている。

⑤ 白菊の絵を置き忘れた按察使の君の行動が不注意にすぎるので、自分の女房として恥ずかしいと思っている。

よーし、「恥ぢらひおはす」だな。ということは、恥ずかしく思っているんだろう。…あれ？

① 宮に会うのを嫌がっている按察使の君の様子が気の毒なので、長々と引き止めてしまった自分を恥じている。

② 按察使の君の見事な筆跡に宮が目を奪われているのを見て、自分が描いた絵のつたなさを恥ずかしく思っている。

③ 白菊の絵をめぐるやりとりを童女が進んで宮に話してしまったので、自らの教育が行き届かなかったと恥じている。

④ 配慮を欠いた童女のおしゃべりのせいで、自分たちのたわいない遊びの子細を宮に知られて恥ずかしく思っている。

⑤ 白菊の絵を置き忘れた按察使の君の行動が不注意にすぎるので、自分の女房として恥ずかしいと思っている。

がーーーん。全部「恥ずかしい」心情じゃないか……。うーん、よくわからないからコレにしておこう、と解くと、出題者の思うツボ。さあ、「**解き方**」を考えていこう！

“じつは「心情」なんて問われていない？”

いいかな？　よーく考えてほしい。「恥ぢらひおはす」に傍線が引っ張ってあって、「恥ずかしい」という心情を導くことができない受験生がいるだろうか？（いや、いない。）

そう、**心情に傍線を引っ張って心情そのものを問うほど、大学入試は甘くない**んです。じゃあ何が問われているんだろうか。チェックしてみよう。

① 宮に会うのを嫌がっている按察使の君の様子が気の毒なので、／長々と引き止めてしまった自分を恥じている。

② 按察使の君の見事な筆跡に宮が目を奪われているのを見て、／自分が描いた絵のつたなさを恥ずかしく思っている。

③ 白菊の絵をめぐるやりとりを童女が進んで宮に話してしまったので、／自らの教育が行き届かなかったと恥じている。

④ 配慮を欠いた童女のおしゃべりのせいで、／自分たちのたわいない遊びの子細を宮に知られて恥ずかしく思っている。

⑤ 白菊の絵を置き忘れた按察使の君の行動が不注意にすぎるので、／自分の女房として恥ずかしいと思っている。

①③⑤が「〜ので」、④は「〜のせいで」で終わっているので、**理由を問われている**ことがわかる。②も心情に至る理由を問われていることは同じだろう。すべての選択肢が

因果関係で構成されているね。

そもそも文章は、心情を軸《じく》に考えると、次のような作りになっている。

理由 ある「心情」に至ることになった原因

↓

心情

↓

行動 その「心情」に基づく行動

すごく単純化した具体例を挙げると、

理由 合格通知をもらった

↓

心情 うれしい！

↓

行動 涙が出た

こんな感じかな。この例で考えると、本文内に「うれしい」と書いてある場合、「うれしい」に傍線を引っ張って「心情は何ですか？」という設問は無意味だよね。**理由**（「合格通知をもらった」）**をポイントにして選択肢を選ぶ問題が多い**ということなんだ。

逆に、心情（「うれしい」）がはっきりと書かれていない場合、**行動**（「涙が出た」）**や理由**（「合格通知をもらった」）**から、心情**（「うれしい」が正解、「悔しい」「悲しい」などはダメ）**を考える**パターンもあるんだ。

特に注意したいのは、**「理由」を読み取って解く**タイプの設問。**センター試験ではこの問題が何度か出題された。**今回のミッション⑩もそうだね。

みんな「心情の説明として」とか「どのような気持ちか」と問われると、「『心情』が問われたぞ！『心情』を答えなきゃ！」って真正面から受け止めすぎなんですよね。でも実際は、ミッション⑩のように**「心情把握問題のフリをした理由説明問題」だったりする。**

まずみんなにわかってほしいのは、この視点。**「因果関係」に着目するというちょっとしたアイデアを知っていれば、設問に対する構え方も全然違ってくる**でしょ？「頭のいい人」って、じつはこういう「目のつけ所」のセンスがいいのです。だからみんなは、それをこの**「スゴ技」**でマネして解けばいいのです。**「スゴ技」は「天才だけができるスゴい技」ではなくて、「誰でも実践できるからスゴ技」なんですよ。**

では、心情把握問題の正解選択肢の上手な見方を、図で確認しよう。しっかり覚えてね。

スゴ技 25 心情把握問題のすばやい解き方フローチャートを駆使せよ。

傍線部に心情が直接表現されている？

- **YES** → **心情説明のフリをした理由説明問題**
  理由に注目！
  → 本文に戻って、傍線部付近に理由が説明されている箇所を探す。（やみくもに答えを探すな！ 理由を読み取れ！）
  → 各選択肢の理由が説明されているエリアから横にザックリ見て選択肢を二つに絞れ！
  → 選択肢全体を見て確認。解答を最終決定。

- **NO**（行動が書かれることが多い） → **心情を文脈から読み取らせる問題**
  登場人物の理由・行動から心情を導け！
  → 本文に戻って、傍線部付近に理由が説明されている箇所を探す。（やみくもに答えを探すな！ 理由を読み取れ！）
  → 傍線部付近の理由と、傍線部の行動から登場人物の心情を推論。
  → 選択肢全体を見て確認。解答を最終決定。

では、ミッションに戻ります。

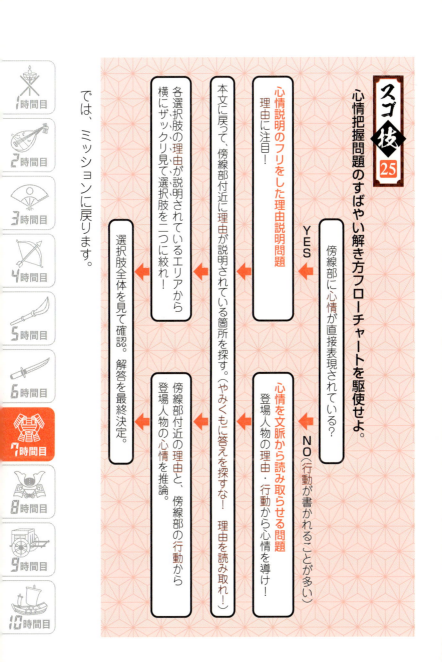

現代語訳

兵部卿の宮がよくよく御覧になると、白菊の歌を書いた筆跡は、たった今思い出しなさった人が、（かつて別れのときに）「草の庵《いおり》」と書き残したときの筆跡と見間違えるはずがなく同じものであったが、あまりはっきりしないので、「いろいろな筆跡があるなあ。誰々のものなのだろう」などと、さりげない様子で質問なさるのだが、（姫君は）ちょっと横を向いていらっしゃるので、（宮は）小さい童女で姫君の御前にお仕えしていた子を、「この絵は誰が描いたのか。正直に言ったら、私もたいそう上手に描いて見せよう」とその気にさせると、（童女は）「この菊は姫君がお描きになりました。『本当に下手だ』とおっしゃって墨で塗りつぶしなさったので、困って、按察使の君が、この歌を書き添えなさったのです」と説明申し上げるので、姫君は「本当に出過ぎたことをして」と、恥じらいなさる。

「理由」をチェック！

傍線部「恥ぢらひおはす」の主語「姫君」の直前を見てみよう。「語り聞こゆれば」という「已然形＋ば」（〜ので）があるね。そうすると、解答の根拠は、「童女」が宮にペラペラと話してしまったということになるね。こうやって大筋を決めて選択肢チェックをしてみよう。今回のポイントは前半エリアだよ。

① 宮に会うのを嫌がっている按察使の君の様子が気の毒なので、長々と引き止めてしまった自分を恥じている。

② 按察使の君の見事な筆跡に宮が目を奪われているのを見て、自分が描いた絵のつたなさを恥ずかしく思っている。

③ 白菊の絵をめぐるやりとりを童女が進んで宮に話してしまったので、自らの教育が行き届かなかったと恥じている。

④ 配慮を欠いた童女のおしゃべりのせいで、自分たちのたわいない遊びの子細を宮に知られて恥ずかしく思っている。

⑤ 白菊の絵を置き忘れた按察使の君の行動が不注意にすぎるので、自分の女房として恥ずかしいと思っている。

「童女が話してしまった」というたった一つのことを持ち込んで選択肢を見るだけで、全然違うでしょ？　大切なのは、**「何も考えないで選択肢を選ぼうとするな！」**ということ。そもそも「童女」を理由にしている選択肢は③と④だけだね。

因果関係で本文をより深く読める

ここまではOKかな？　ここでもう一度、7時間目の注意点に戻ろう。そう、**「登場人物の心情を読者が勝手に想像しちゃダメ！」**だった。

どうして童女は、宮に絵遊びの内容を話してしまったのだろうか。現代語訳でチェックするよ。

（宮は）小さい童女で姫君の御前にお仕えしていた子を、「この絵は誰が描いたのか。正直に言ったら、私もたいそう上手に描いて見せよう」とその気にさせると、（童女は）「この菊は姫君がお描きになりました。『本当に下手だ』とおっしゃって墨で塗りつぶしなさったので、困って、按察使の君が、この歌を書き添えなさったのです」と説明申し上げるので、姫君は「本当に出過ぎたことをして」と、恥じらいなさる。

童女がペラペラとしゃべってしまったのは、宮が話すようにしむけたからだということがわかる。

宮が、「正直に言ったら、私もおもしろい絵を描いてあげるよ～」と童女をそそのかしたので、童女はうっかりしゃべってしまったというわけだ。

③ 白菊の絵をめぐるやりとりを童女が進んで宮に話してしまったので、自らの教育が行き届かなかったと恥じている。

④ 配慮を欠いた童女のおしゃべりのせいで、自分たちのたわいない遊びの子細を宮に知られて恥ずかしく思っている。

そうなると、③は「進んで」という点がおかしい。童女が積極的に話したのではなく、宮の作戦によって話してしまったわけなんだ。正解は④だね。**最後の二つに絞った後は、これくらい細かい読みをしなくてはいけないよ。**

さあ、これで**因果関係に着目することの重要性**をわかってもらえただろうか。

“文脈から心情を読み取る問題”

よし、ではもう一問やっておこう。長文の最後のほうなので、わかりづらいかもしれないから、ここでは現代語訳を参考に解いてみよう（もちろん本番では自力で読まなきゃいけないんだけど、ここでは解法に集中してほしいので、読解の話は脇に置いておきます。単語力などは、巻末資料を活用して吸収してくださいね）。

11 ミッション

次の問いに答えよ。

制限時間 5分

次の文章は『松陰中納言物語』の一節である。東国に下った右衛門督《うえもんのかみ》は下総守《しもうさのかみ》の家に滞在中、浦風に乗って聞こえてきた琴の音を頼りに守の娘のもとを訪れ、一夜を過ごした。以下の文章は、それに続くものである。これを読んで、後の問いに答えよ。

母君は、忍びますらんも心苦しからむとて、右近を召して、「今宵、殿の渡り給はんぞ。よくしつらひ給へ。行く末、頼もしきことにてあるなれば」とのたまはすれば、さればよ、今朝よりの御ありさまも、昨日の楽を弾き替へ給ひしも、心もとなかりつればとて、かくとも言はで、几帳《きちやう》かけ渡し、隈々《くまぐま》まで塵《ちり》を払へば、「蓬《よもぎ》生《ふ》の露を分くらむ人もなきを、さもせずともありなん」とのたまへれば、「蓬の露は払はずとも、御胸の露は今宵晴れなんものを」とうち笑へば、いと恥づかしと思す。

現代語訳

母君は、（女君が右衛門督との恋愛を）これ以上隠しているようなこともつらいだろうとお思いになり、（女君に仕える侍女の）右近をお呼びになって、「今夜、殿がおいでになるでしょうよ。十分に整えなさい。将来、楽しみなことであるようだから」とおっしゃると、（右近は）思ったとおりだ、（女君の）今朝からのご様子も、昨日の互いに楽曲を弾き合わせなさったことも、気がかりだったので（納得がいった）と思って、右衛門督の訪れの準備だとも言わないで、几帳を一面に掛けて、隅々までほこりを払って掃除をすると、（女君は）「生い茂る蓬の露を分け入って訪ねて来るような人（＝男性）もいないのだから、そこまで（掃除を）しなくともよいでしょう」とおっしゃったので、（右近は）「蓬の露は払わなくても、（あなた様の）お胸に掛かっている露は今夜きっと晴れるでしょうに」と言って笑うと、（女君は）たいそう恥ずかしいとお思いになる。

問 傍線部「蓬の露は払はずとも、御胸の露は今宵晴れなんものを」とあるが、この言葉には右近のどのような気持ちがこめられているか。その説明として最も適当なものを、次の①〜⑤のうちから一つ選べ。 難易度★★★☆☆

① 訪ねてくるかわからない人を思って掃除までしなくてもよいと言う女君に対して、部屋の塵は払えなくても心配事は払うことができると明るく励ます気持ち。

② 踏み分けられないほど蓬が茂った庭を恥ずかしがる女君に対して、庭の手入れまで手が回らなくても、きちんと部屋を掃除しているから大丈夫と慰める気持ち。

③ 訪ねてくる人もいないのになぜ掃除するのかと不思議がっている女君に対して、今夜はお客さまの右衛門督が訪れるから必要なのだと安心させる気持ち。

④ 誰も来るはずはないから掃除の必要はないのにと言う女君に対して、右衛門督の訪れをひそかに待っている女君の心はわかっているとからかう気持ち。

⑤　露に濡《ぬ》れた蓬を分けて訪れる人もないのにとすねる女君に対して、右衛門督を思って沈んでいる女君の胸の内を晴れやかにするための掃除なのにと反発する気持ち。

この傍線部は、モロに心情を表現したところではない部分に引かれているところが、ミッション⑩と違っているね。このタイプの設問もしっかりやっておこう。

まずは、**理由をチェック**だ！　現代語訳を見ながらやってみよう。

（右近が）隅々までほこりを払って掃除をすると、（女君は）「生い茂る蓬の露を分け入って訪ねて来るような人（＝男性）もいないのだから、そこまで（掃除を）しなくともよいでしょう」とおっしゃったので、（右近は）「蓬の露は払わなくても、（あなた様の）お胸に掛かっている露は今夜きっと晴れるでしょうに」と言って笑うと、

ここからまず、傍線部の右近の発言の理由は、直前の女君の発言「**訪ねて来る男性もいないのだから、そこまで掃除をしなくともよいでしょう**」になっていることがわかる。これが**理由**だ。すぐに選択肢を見よう。

①訪ねてくるかわからない人を思って掃除までしなくてもよいと言う女君に対して、部屋の塵は払えなくても心配事は払うことができると明るく励ます気持ち。

②踏み分けられないほど蓬が茂った庭を恥ずかしがる女君に対して、庭の手入れまで手が回らなくても、きちんと部屋を掃除しているから大丈夫と慰める気持ち。

③訪ねてくる人もいないのになぜ掃除するのかと不思議がっている女君に対して、今夜はお客さまの右衛門督が訪れるから必要なのだと安心させる気持ち。

④誰も来るはずはないから掃除の必要はないのにと言う女君に対して、右衛門督の訪れをひそかに待っている女君の心はわかっているとからかう気持ち。

⑤蓬に濡れた蓬を分けて訪れる人もないのにとすねる女君に対して、右衛門督を思って沈んでいる女君の胸の内を晴れやかにするための掃除なのにと反発する気持ち。

①②⑤は直前の女君の発言を踏まえていないのでおかしい。③と④に絞ろう。

では、③「安心させる気持ち」、④「からかう気持ち」のどちらだろうか？

スゴ技25 のフローチャート（➡121ページ）で示したように、**心情が直接表現されていない問題のときは、登場人物の理由・行動から心情を推論しなくてはいけないん**だ。

（右近は）「蓬の露は払わなくても、（あなた様の）お胸に掛かっている露は今夜きっと晴れるでしょうに」と言って笑うと、（女君は）たいそう恥ずかしいとお思いになる。

右近の「行動」（笑うと）
女君の「心情」（恥ずかしい）

傍線部の後は主語が変わって、女君の心情（＝「いと恥づかし」）が書かれているね。この心情を、先ほどの**理由**↓**心情**↓**行動**のパターンでとらえてみると、

〈右近〉
理由　女君の発言「掃除しなくていいわよ」
↓
心情　傍線部
↓
行動　笑った

↓

〈女君〉
理由　右近が笑った
↓
心情　恥ずかしい…
↓
行動　（なし）

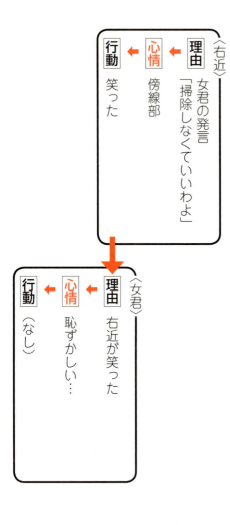

そう、つまり**右近の「行動」が、そのまま女君の心情の理由となっている**ね。女君に「恥ずかしい…」と思わせるようなことを右近が言ったと推論できるから、正解は④の「からかう気持ち」だ。

最後に、2018年度に実施された「共通テスト試行調査」の心情問題をやってみよう。
制限時間3分で解いてみてください。

12 ミッション

次の問いに答えよ。

制限時間 3分

次の文章は『源氏物語』「手習《てならい》」巻の一節である。浮舟《うきふね》という女君は、薫《かおる》という男君の思い人だったが、匂《におうの》宮《みや》という男君から強引に言い寄られて深い関係になった。浮舟は苦悩の末に入水《じゅすい》しようとしたが果たせず、僧侶たちによって助けられ、比叡山《ひえいざん》のふもとの小野《おの》の地で暮らしている。本文は、浮舟が出家を考えつつ、過去を回想している場面から始まる。これを読んで、後の問いに答えよ。

あさましうもてそこなひたる身を思ひもてゆけば、宮（注1）を、すこしもあはれと思ひ聞こえけむ心ぞいとけしからぬ、ただ、この人の御ゆかりにさすらへぬるぞと思へば（注2）、小島《こじま》の色を例《ためし》に契り給《たま》ひしを、などてをかしと思ひ聞こえけむとこよなく飽きにたる心地す。はじめより、(注3)薄きながらものどやかにものし給ひし人は、この折《をり》かの折など、思ひ出《い》づるぞこよなかりける。かくてこそありけれと聞きつけられ奉らむ恥づかしさは、人よりまさりぬべし。さすがに、この世には、ありし御さまを、よそながらだに、いつかは見むずるとうち思ふ、なほわろの心や、かくだに思はじ、など A心ひとつをかへさふ。

（注）1　宮――匂宮。
2　小島の色を例に契り給ひし――匂宮に連れ出されて宇治川《うじがわ》のほとりの小屋で二人きりで過ごしたこと。
3　薄きながらものどやかにものし給ひし人――薫のこと。

問1　傍線部A「心ひとつをかへさふ」とあるが、ここでの浮舟の心情の説明として最も適当なものを、次の①～⑤のうちから一つ選べ。　難易度★★★☆☆

① 匂宮に対して薄情だった自分を責めるとともに、現在の境遇も匂宮との縁があってこそだと感慨にふけっている。

② 匂宮と二人で過ごしたときのことを回想して、不思議なほどに匂宮への愛情を覚え満ち足りた気分になっている。

③ 薫は普段は淡々とした人柄であるものの、時には匂宮以上に情熱的に愛情を注いでくれたことを忘れ

かねている。

④　小野でこのように生活していると薫に知られたときの気持ちは、誰にもまして恥ずかしいだろうと想像している。

⑤　薫の姿を遠くから見ることすら諦めようとする自分を否定し、薫との再会を期待して気持ちを奮い立たせている。

段落内容を広く問う問題に注意！

「ここでの浮舟の心情の説明」を尋ねているので「心情問題」だね。従来の心情問題は、傍線部の主語に該当する人物の、傍線部付近の行動を整理するのが一般的でした。でも、今回の例では、傍線部付近だけでなく、**段落全体の情報をしっかりとおさえなくてはいけないんだ。**

本文の内容を現代語訳すると以下の通り（内容をわかりやすくするために直訳でないところがあります）。

現代語訳

驚きあきれるほど台無しにしてしまった（自分の）身の上を思い続けていくと、匂宮を、少しでも愛しいと思い申し上げたような心が本当によくないことだ、ただ、この人とのご縁によって寄る辺ない身の上になってしまった ① と思うと、匂宮に連れ出されて宇治川のほとりの小屋で二人きりで過ごしたことを、どうしてすばらしいと思い申し上げたのだろうかとすっかり嫌気がさしてしまった気持ちがする ②。はじめから、淡々と穏やかでいらっしゃった人（＝薫君）について、このときはあのときはなど、思い出すことが格別にすばらしかった ③。（自分が）このように生きていたのと（薫君に）聞き知られ申し上げるとしたら、その恥ずかしさは、ほかの人（に聞きつけられた場合）よりもきっと大きいに違いない ④。そうはいってもやはり、この世では、かつての（薫君の）お姿を、せめて遠くからでも、いつ見ることができるだろうかと少しでも思うのは、やはりよくない心だなあ、このようにさえも思わないようにしよう ⑤、などと自分ひとりの心中で思い直す。

赤字の部分が選択肢の内容に絡む箇所だ。そう、ほとんどすべてだね。**共通テストでは、段落内容を広く問う問題が出題されるかもしれません。**そのことにも警戒しておこう。

各選択肢の間違いポイントを追っておこう。**なんとなくの印象で解かずに、必ず根拠を本**

文から探して選択肢を切ること。

①匂宮に対して薄情だった自分を責めるとともに、現在の境遇も匂宮との縁があってこそだと感慨にふけっている。

②匂宮と二人で過ごしたときのことを回想して、不思議なほどに匂宮への愛情を覚え満ち足りた気分になっている。

③薫は普段は淡々とした人柄であるものの、時には匂宮以上に情熱的に愛情を注いでくれたことを忘れかねている。

④小野でこのように生活していると薫に知られたときの気持ちは、誰にもまして恥ずかしいだろうと想像している。

⑤薫の姿を遠くから見ることすら諦めようとする自分を否定し、薫との再会を期待して気持ちを奮い立たせている。

正解は、④。「聞きつけられ奉らむ恥づかしさ」というのは、「もし薫に知られたとしたら、恥ずかしい」という「仮定」を表すので注意。

ところで、不正解の選択肢の中で、①と③に注目してほしい。

③ ①
× 匂宮に対して薄情だった自分
× 時には匂宮以上に情熱的に愛情を注いでくれたことを忘れかねている

この部分は、「ここでの浮舟の心情」というより、「内容の説明」だよね。「心情問題」というと、「…な気持ち」「…な心情」に該当する箇所を本文の中から探そうとしてしまいがちだけど、必ずしもそういうわけではなく、**心情を直接表しているわけではない本文の内容や、因果関係なども選択肢のポイントになることが多い**ってことがわかったと思う。

繰り返しますが、この問題では、段落全体の内容が広く設問に絡んでいます。**共通テストでは、段落内容を広く問う問題が出題されるかもしれないっていう意識をもっておこうね！**

8 時間目

選択肢を見極めろ！

引き続き、「共通テスト対策」をどんどん進めましょう。

次の問題を**制限時間10分**で解いてみてください。7時間目に読んだ『源氏物語』の続きです。設問を二つ解いてください。現代語訳は必ず解いた後に見てね！

13 ミッション

次の問いに答えよ。

制限時間 10分

からうして鶏《とり》の鳴くを聞きて、いとうれし。母の御声を聞きたらむは、ましていかならむと思ひ明かして、心地もいとあし。(注4)供にてわたるべき人もとみに来ねば、なほ臥《ふ》し給《たま》へるに、(注5)いびきの人はいととく起きて、粥《かゆ》などむつかしきことどもをもてはやして、「御前《おまへ》に、とく聞こし召せ」など寄り来て言へど、まかなひもいと心づきなく、うたて見知らぬ心地して、「なやましくなむ」と、ことなしび給ふを、強《し》ひて言ふもいとこちなし。下衆《げす》下衆しき法師ばらなどあまた来て、(注6)「僧都《そうづ》、今日下《お》りさせ給ふべし」、「などにはかには」と問ふなれば、「一品《いっぽん》の宮の御物《もの》の怪《け》になやませ給ひける、山の座主《ざす》御修法《ずほふ》仕《つか》まつらせ給へど、なほ僧都参り給はでは験《しるし》なしとて、昨日二たびなむ召し侍《はべ》りし。右大臣殿の四位少将、昨夜《よべ》夜更《ふ》けてなむ登りおはしまして、后《きさい》の宮の御文など侍りければ下りさせ給ふなり」など、いとはなやかに言ひなす。恥づかしうとも、あひて、尼になし給ひてよと言はむ、さかしら人すくなくてよき折にこそと思へば、起きて、「心地のいとあしうのみ侍るを、僧都の下りさせ給へらむに、(注7)忌《い》むこと受け侍らむとなむ思ひ侍るを、さやうに聞こえ給へ」と語らひ給へば、ほけほけしううなづく。

(注8)例の方におはして、髪は(注9)尼君のみ梳《けづ》り給ふを、別人《ことひと》に手触れさせむもうたておぼゆるに、手づから、はた、えせぬことなれば、ただすこしとき下《くだ》して、B親にいま一たびかうながらのさまを見えずなりなむこそ、人やりならずいと悲しけれ。いたうわづらひしけにや、髪もすこし落ち細りにたる心地すれど、何ばかりもおとろへず、いと多くて、(注10)六尺ばかりなる末などぞうつくしかりける。筋なども、いとこまかにうつくしげなり。「かかれとてしも」と独りごちゐ給へり。

(注) 4 供にてわたるべき人——浮舟の世話をしている女童《めのわらわ》。
5 いびきの人——浮舟が身を寄せている小野の庵《いおり》に住む、年老いた尼。いびきがひどい。
6 僧都——浮舟を助けた比叡山の僧侶。「いびきの人」の子。
7 忌むこと受け侍らむ——仏教の戒律を授けてもらいたいということ。
8 例の方——浮舟がふだん過ごしている部屋。
9 尼君——僧都の妹。
10 六尺——約一八〇センチメートル。

問3 この文章の登場人物についての説明として**適当でないもの**を、次の①～⑤のうちから一つ選べ。 難易度★★★☆

① 浮舟は、朝になっても気分が悪く臥せっており、「いびきの人」たちの給仕で食事をする気にもなれなかった。

② 「下衆下衆しき法師ばら」は、「僧都」が高貴な人々からの信頼が厚い僧侶であることを、誇らしげに言い立てていた。

③ 「僧都」は、「一品の宮」のための祈禱《きとう》を延暦寺の座主に任せて、浮舟の出家のために急遽《きゅうきょ》下山することになった。

④ 「右大臣殿の四位少将」は、「僧都」を比叡山から呼び戻すために、「后の宮」の手紙を携えて「僧都」のもとを訪れた。

⑤ 「いびきの人」は、浮舟から「僧都」を呼んでほしいと言われても、ぼんやりした顔でただうなずくだけだった。

問4 傍線部B「親にいま一たびかうながらのさまを見えずなりなむこそ、人やりならずいと悲しけれ」の説明として最も適当なものを、次の①～⑤のうちから一つ選べ。 難易度★★★☆

① 「かうながらのさま」とは、すっかり容貌の衰えた今の浮舟の姿のことである。

② 「見えずなりなむ」は、「見られないように姿を隠したい」という意味である。

③「こそ」による係り結びは、実の親ではなく、他人である尼君の世話を受けざるを得ない浮舟の苦境を強調している。

④「人やりならず」には、他人を責める浮舟の気持ちが込められている。

⑤「『……悲しけれ』と思ひ給ふ」ではなく「悲しけれ」と結ぶ表現には、浮舟の心情を読者に強く訴えかける効果がある。

“傍線がない！”

問3は一見普通の問題のようだが、じつはちょっと変わった特徴がある。そう、**傍線が引かれていない**。今までのセンター試験では、最後の内容合致問題以外は傍線が引かれてあって、その近辺の解釈・内容説明を求めるのが一般的だった。でも、この「共通テスト試行調査」の問3では、「この文章の登場人物についての説明」を設問にしている。ということは、**本文全体を広く読み、そこに書かれていた人物像を理解したうえで、適切なことが書かれている選択肢を選ばなくてはいけないんだ**。

だから、「共通テスト」では、選択肢の読み方のテクニックだけ磨いてもダメ。それじゃ太刀打ちできません。しっかりと内容把握する努力を怠らないこと！

では、現代語訳を確認してみよう（内容をわかりやすくするために直訳でないところがあります）。赤字になっているところは、問3に関係している箇所です。

現代語訳

（浮舟は）ようやく（朝になって）鶏が鳴くのを聞いて、たいそううれしい。母のお声を聞いたとしたら、ましてどんなにうれしいだろうかと思いながら夜を明かして、気分もたいそう悪い。供として来るはずの人（＝浮舟の世話をしてくれる女童）もすぐには来ないので、まだ横におなりになっていると、いびきがひどい人（＝この庵に住む年老いた尼）はたいそう早く起きて、粥など（浮舟にとって見るのも）不快な朝食を盛んに褒めて、「あなた様も、早くお食べなさい」などと近寄って来て言うけれども、（浮舟は）給仕役の者もたいそう気に入らず、不快で経験したことがないような気持ちがして、「気分が悪うございますので」と、何気ないふりをし（て断り）なさるのを、無理に（食べるように）言うのも実に気が利かない。いかにも身分が低そうな法師たちが大勢来て、「僧都様は、今日（比叡山から）下山なさるにちがいない」、「どうして急に」と尋ねるようなので、「一品の宮が御物の怪で苦しんでいらっしゃったのを、比叡山の座主がご修法をして差し上げなさるけれども、やはり僧都様が参上なさらなくては効験がないということで、昨日再びお呼び出しがございました。右大臣殿の四位の少将が、昨夜、夜が更けて登っていらっしゃって、后の宮のお手紙などがありましたので（僧都様は今日比叡山を）下山なさるそうだ」などと、たいそう誇らしげに言い立てる。（浮舟は）恥ずかしくても、（僧都に）会って、ぜひ尼にしてしまってくださいと言おう、口出しする人が少なくてよい機会であろうと思うので、起きて、「ただもう気分がたいそう悪うございますので、僧都が下山なさっているような時に、仏教の戒律を授けてもらいたいと思いますので、そのように申し上げてください」と（浮舟が）相談なさると、（老いた尼は）ぼんやりとした様子で頷く。
（浮舟は）ふだん過ごしている部屋にいらっしゃって、（いつもは）髪は尼君だけが櫛をお入れになるので、ほかの人に手を触れさせるようなことも嫌なことに思われるが、自分ではまたできないことであるので、ほんの少し梳かし下ろして、親（＝母君）にもう一度このままの（＝出家する前の）姿を見せずじまいになってしまうようなことが、誰のせいでもなく自分の意志で出家するとはいえたいそう悲しい。重く患ったせいであろうか、髪も少し抜け落ちて細くなってしまった気持ちはするけれど、どれほども減っておらず、実に（髪が）豊かで、六尺くらいである毛先なども美しかった。髪の筋なども、とても細やかで美しい様子である。
（浮舟は）「このようであれと思って」と独り言を言って座っていらっしゃる。

“人物に注目だ！”

では解き方のポイントを教えよう。

まず絶対に、「なんとなくこんなこと書いてあったな～」と**雰囲気で選ばないこと**。細部までをきちんと確認しないでやるとひっかかるので注意！　**それぞれの選択肢の記述を本文に戻って照らし合わせること**が大切！

そのうえで、その選択肢の記述が適切かどうかを考えるために必要なことは、**選択肢に登**

場する人物が出てくる箇所に注目すること。

だから、読んでいるときに**主語や人物関係のメモを本文にちゃんと残すこと**が大切！　この作業を軽視しないように。素早く本文の戻るべき箇所に戻るために絶対に必要な作業だよ。

それから、**チェックした選択肢のどこが○か×かきちんと根拠をメモしておくこと**！　このメモ取りもすごく重要だ。

試験中、脳みそはフル回転しながらいろんなことを考えて、高速で処理している。このとき、**こういう「思考の痕跡を残す」ことができていると、ミスやスピードダウンを未然に防げるんだ。**

じつは、できる人とできない人の差は、こういうちょっとした「手を動かすこと」をサボらずにやるかどうかなんだ。速く正確に解くことが求められているんだから、こういう作業はちゃんとやっておこう。模試や問題演習のときからクセをつけておくといいね。

スゴ技 26

傍線の引かれていない内容説明問題は、選択肢の人物に注目！

①選択肢の中に登場する人物に印をつける。

②その人物が登場する本文の箇所に戻る。（本文を読むときに、**主語のメモ取り**を忘れない！）

③**本文と照らし合わせて、必ず選択肢の不適切な箇所に×をつける。**

じゃ、確認しよう。

各選択肢のポイントを追っておきます。7時間目でもやったように、**なんとなくの印象で解かずに、必ず根拠を本文から探して選択肢を切る**こと。

① 浮舟は、朝になっても気分が悪く臥せっており、「いびきの人」たちの給仕で食事をする気にもなれなかった。

② 「下衆下衆しき法師ばら」は、「僧都」が高貴な人々からの信頼が厚い僧侶であることを、誇らしげに言い立てていた。

③ 「僧都」は、「一品の宮」のための祈禱を延暦寺の座主に任せて、浮舟の出家のために急遽下山することになった。

④ 「右大臣殿の四位少将」は、「僧都」を比叡山から呼び戻すために、「后の宮」の手紙を携えて「僧都」のもとを訪れた。

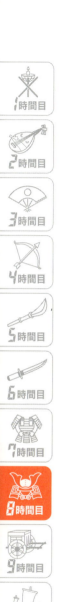

⑤「いびきの人」は、浮舟から「僧都」を呼んでほしいと言われても、ぼんやりした顔でただうなずくだけだった。

各選択肢内の人物をチェックといっても何人かいるので、主語の人物を中心にチェックして本文と照らし合わせよう。

①は現代語訳の1行目〜7行目、②は9行目〜13行目、⑤は14行目〜16行目に注目すれば、適当だということがわかるだろう。④は、「下衆下衆しき法師ばら」の発言の中から、「右大臣殿の四位少将」「僧都」「后の宮」という人物について、関係を正しくおさえなくてはいけないのでちょっと難しい。

③の選択肢は、現代語訳の9行目〜10行目に書いてあるように、「一品の宮」のための祈禱は比叡山の座主では効果がなかったので僧都が呼ばれ、急遽下山することになったことを思い出してほしい。僧都が一品の宮のために祈禱することは正しい、僧都が下山することも正しい、浮舟が出家しようとしているのも正しい。でも、**「浮舟の出家のために」という説明はおかしい**よね。内容合致問題でよくあるけど、**因果関係にないAとBをツギハギして、「AだからB」「AのためにBをした」みたいなもっともらしい選択肢にするのは出題者の常《じょう》套《とう》手段だから気をつけよう。**

雰囲気で解いちゃいけないのはこういう問題があるからなんだ。「なんとなくこんなこと言ってたな」で解く人はこういう問題を必ず間違える。完全にデッチ上げた選択肢にひっかかる受験生はあまりいない。でも、本文に内容がちょっとでもかすっていると、ひっかかりやすいんだ。正解は③。

スゴ技 27
内容合致問題では、関係のない二つのものを因果関係にした「ツギハギ選択肢」を見破れ！

“本文内容をまとめる力が必要だ”

ところで、②の選択肢を見てほしい。②は、現代語訳の9行目～13行目に書いてあるように、一品の宮のための祈禱は比叡山の座主では効果がなかったので、四位の少将が后の宮からの手紙を持参し僧都を呼び出し、僧都は急遽下山することになったという内容をまとめている。

このように、②は本文の内容そのままではなく、やや抽象度の高い「**編集された情報**」になっていることに注意。共通テストは、本文が複数になるなどボリュームが多くなるために、反対に今までよりも選択肢のボリュームが少なくなることが予想される。そのため、選択肢の内容が、本文そのままではなく「編集された抽象的な説明」になる可能性がある。**共通テストでは、段落内容をまとめるトレーニングをするといい対策になる**から、常に意識をもっておこうね！

“文法をやらないと痛い目にあう！”

では問4に行こう。

問4は傍線がついている「内容説明問題」だ。ただ、「内容説明問題」と言っても、選択肢によって狙いが違うことがわかるかな。ちょっと見てみよう。赤字で示したのが出題の意図だ。

① 「かうながらのさま」とは、すっかり容貌の衰えた今の浮舟の姿のことである。
↓ 指示語の内容説明

②「見えずなりなむ」は、「見られないように姿を隠したい」という意味である。
↓「見ゆ」の意味（単語）、「なむ」の識別（文法）

③「こそ」による係り結びは、実の親ではなく、他人である尼君の世話を受けざるを得ない浮舟の苦境を強調している。
↓「こそ」の用法（文法）

④「人やりならず」には、他人を責める浮舟の気持ちが込められている。
↓「人やりならず」の意味（連語）

⑤「『…悲しけれ』と思ひ給ふ」ではなく「悲しけれ」と結ぶ表現には、浮舟の心情を読者に強く訴えかける効果がある。
↓表現の効果

②・③・④は、語彙《ごい》力・文法力を駆使して解くということがわかっただろうか。

②の「見ゆ」は「**姿を見せる**」という意味をもっているし、「なむ」は連用形に接続しているので、終助詞ではなく、**助動詞「ぬ」＋助動詞「む」**だ。2時間目の文法でやったよね。この「む」は婉曲・仮定の意味。「見られないように姿を隠したい」は誤りだね。

③は係り結びの「こそ」だ。「こそ」が強調というのはいいのだが、強調されている内

容が違う。傍線部の「親にいま一たび…見えずなりなむ」の「む」は連体形で、直後に「こと」などを補って主語のカタマリを作る。1時間目でやったことを思い出して！　カタマリの内容は、「親（＝母君）にもう一度このままの（＝出家する前の）姿を見せずじまいになってしまうようなこと」だから誤りだね。

④は、「人やりならず」という連語を知っていれば問題ない。**「（誰のせいでもなく）自分のせいだ」「自分の意志で」**という意味。よって、「他人を責める浮舟の気持ち」が誤りだ。

どうだい？　②・③・④の実態は単純な文法・語彙の問題だということがわかるだろう。だから、前にも言ったように、**「共通テストは文法は出ないからいいや」という態度で臨むと痛い目にあう。**ストレートな文法問題は出題されなくても、こうやって文法を問うてくる可能性が高い。だから**文法は絶対におさえること**！

では、①に戻ります。①の「かうながらのさま」（＝このままの姿）が指す内容は、「出家する前の姿」。だから、「すっかり容貌の衰えた今の浮舟の姿」が不適切だね。指示語の問題だ。

⑤は特に誤りの箇所はない。でも、これを「正解だ！」って即断するのって難しくない？

このように、**一つ一つの選択肢の正誤を判定させるような問題（全体内容合致や表現の効果**

を問う問題）は消去法も併用すること。

特に、表現の効果を問うような選択肢の場合、客観的に○×の判定ができるような選択肢を並べると問題レベルが簡単になりすぎてしまう。だから出題者は（時に主観に関わるような）微妙な選択肢も混ぜておく。**そういう設問は保留しておこう。**こういう問題のときは、**「誰がどう見ても客観的に見て誤りだ！」と言えるものをどんどん切っていくこと。**そして、傷のない選択肢を適当だと判断すればよい。正解は⑤。

スゴ技 28

正誤判定・表現の効果を問う設問は消去法！

⬇一度保留して、**「誰がどう見ても客観的に見て誤り」**の選択肢を切って正解を出す！

新しいタイプの問題が出ても落ち着いてやれば大丈夫！　それから、語彙・文法の重要事項は本番直前まで繰り返しやろう！

9時間目

「会話文」「引き歌」をマスターせよ！

さあ、いよいよ「共通テスト対策」の最大のヤマ場です。

共通テストについて大学入試センターが、「大問ごとに一つの題材で問題を作成するのではなく、**異なる分野や種類の文章などを組み合わせた複数の題材による問題を含めて検討する**」って作成方針を掲げていることは知っているかな？　これこそ我々がきちんと対策しておかないといけない「新しいタイプの問題」だね。

「試行調査」での出題例を詳しく見てみよう。8時間目 で読んだものの続きだよ。

問5　次に掲げるのは、二重傍線部「かかれとてしも」に関して、生徒と教師が交わした授業中の会話である。会話中にあらわれる遍昭《へんじょう》の和歌や、それを踏まえる二重傍線部「かかれとてしも」の解釈として、会話の後に六人の生徒から出された発言①～⑥のうち、適当なものを二つ選べ。ただし、解答の順序は問わない。

生徒　先生、この「かかれとてしも」という部分なんですけど、現代語に訳しただけでは意味が分からないんです。どう考えたらいいですか。

教師　それは、

たらちねはかかれとてしもむばたまの我《わ》が黒髪をなでずやありけむ

という遍昭の歌に基づく表現だから、この歌を知らないと分かりにくかっただろうね。古文には「引き歌」といって、有名な和歌の一部を引用して、人物の心情を豊かに表現する技法があるんだよ。

生徒　そんな技法があるなんて知りませんでした。和歌についての知識が必要なんですね。

教師　遍昭の歌が詠まれた経緯については、『遍昭集』という歌集が詳しいよ。歌の右側には、

なにくれといひありきしほどに、仕《つか》まつりし深草《ふかくさ》の帝《みかど》隠れおはしまして、かはらむ世を見むも、堪《た》へがたくかなし。蔵人の頭の中将などいひて、夜昼馴《な》れ仕まつりて、「名残りなからむ世に交《ま》じらはじ」とて、にはかに、家の人にも知らせで、比叡《ひえ》に上りて、頭《かしら》下ろし侍りて、思ひ侍りしも、さすがに、親などのことは、心にやかかり侍りけむ。

と、歌が詠まれた状況が書かれているよ。

生徒　そこまで分かると、浮舟とのつながりも見えてくる気がします。

教師　それでは、板書しておくから、歌が詠まれた状況も踏まえて、遍昭の和歌と『源氏物語』の浮舟、それぞれについてみんなで意見を出し合ってごらん。

①　生徒A――遍昭は、お仕えしていた帝の死をきっかけに出家したんだね。そのときに「たらちね」、つまりお母さんのことを思って「母はこのように私が出家することを願って私の髪をなでたに違いない」

と詠んだんだから、遍昭の親は以前から息子に出家してほしいと思っていたんだね。

② 生徒B――そうかなあ。この和歌は「母は私がこのように出家することを願って私の髪をなでたはずがない」という意味だと思うな。出家をして帝への忠義は果たしたけれど、育ててくれた親に申し訳ないという気持ちもあって、だから『遍昭集』で「さすがに」と言っているんだよ。

③ 生徒C――私はAさんの意見がいいと思う。浮舟も出家することで、遍昭と同じくお母さんの意向に沿った生き方をしようとしているんだよ。つまり、今まで親の期待に背いてきた浮舟が、これからの人生をやり直そうとしている決意を、心の中でお母さんに誓っていることになるね。

④ 生徒D――私も和歌の解釈はAさんのでいいと思うけど、『源氏物語』に関してはCさんとは意見が違う。薫か匂宮と結ばれて幸せになりたいというのが、浮舟の本心だったはずだよ。自分も遍昭のように晴れ晴れした気分で出家できたらどんなにいいかという望みが、浮舟の独り言から読み取れるよ。

⑤ 生徒E――いや、和歌の解釈はBさんのほうが正しいと思うよ。浮舟も元々は気がすすまなかった、親もそれを望んでいない、それでも過去を清算するためには出家以外に道はないとわりきった浮舟の潔さが、遍昭の歌を口ずさんでいるところに表れているんだよ。

⑥ 生徒F――私もBさんの解釈のほうがいいと思う。でも、遍昭が出家を遂げた後に詠んだ歌を、浮舟は出家の前に思い起こしているという違いは大きいよ。出家に踏み切るだけの心の整理を、浮舟はまだできていないということが、引き歌によって表現されているんだよ。

「会話文」が登場

問5を開いた瞬間に戸惑いを覚えた人も多いと思う。

まず、パッと目につくのが、「教師」と「生徒」の会話文が長々と載っている。そう、**「会話文」を読んで解かなくてはいけないんだ**。

しかも、その中身を読んでみると、**この中に別の「古文」がある**。それも読まなくてはいけないんだ。だから、本文の長さがとんでもなく長いわけではないんだけど、この会話文やもう一つの古文を読まなくてはいけないから、受験生は大変だ。こんなに大量の「情報」を読みこなすことを、出題者は求めている。だから、センター試験時代は必ず問6まであったのに、試行調査では問5までと設問数を少なめにしているんだろうね。

「会話文問題」の設問としては、本文のどこかに二重傍線部が引かれていて、それについて**「生徒」が質問した内容を**、**「教師」が解説**をする。その**「教師」の解説の中に**、**「古文」が引用される**ので、それを踏まえたうえで本文と合わせて検討する、という問題になることが予想される。

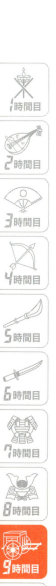

今までにないタイプの問題なのでびっくりした人も多いかもしれないけど、**中身は難しい問題じゃないから怯《ひる》まないこと**！　まずはどんなことが問われるのか知っておこう。

見慣れない問題だけど心配しなくて大丈夫！

じゃあ、会話文を見てみよう。「生徒」が「かかれとてしも」について質問している。それに対して、「教師」が、

> **教師**　それは、
>
> 　たらちねはかかれとてしもむばたまの我が黒髪をなでずやありけむ
>
> という遍昭の歌に基づく表現だから、この歌を知らないと分かりにくかっただろうね。古文には「引き歌」といって、有名な和歌の一部を引用して、人物の心情を豊かに表現する技法があるんだよ。

と答えている。この「教師」が言った**「引き歌」という表現技法は絶対におさえよう**！　**共通テスト問5で出題される可能性が高い重要事項だ。**

「引き歌」ってなんだ？

「引き歌」を辞書で調べると、「古歌やその一部を、後人が自分の詩歌・文章に引用すること。また、その歌。」（デジタル大辞泉）と書いてあります。もっと嚙《か》み砕いて説明すると、「（有名な）古歌を後の時代の人が自分の文章などに利用して、心情・意味を借りる」技法だと思ってくれればわかりやすいね。**多くの場合、伝えたい内容は引用されていない部分のほうなんだ。**

つまり、**「文章の中にある古歌の一部を引用することで、引用されていないほかの部分を暗示する技法」**と言ってもいいね。

引き歌で用いられている古歌は、昔の人なら誰でも知っているような有名な古歌なんだ。だって、文章の中に超マイナーな歌を引用しても、文章の読み手には伝わらないでしょ？だから、**昔の人にとってはメジャーな歌。でも、現代の我々には**（専門家でもない限り）**そんな歌わからないよね。**この二重傍線部を見て、「ああ、これは遍昭の和歌だよね」とわかる人なんて専門家レベルだ。一般の受験生なら、会話文の「生徒」のように、「なんだこの表現？」となってわけがわからなくなってしまうよね。**だから、引き歌表現には必ず注が**

つく。必ず注をチェックしよう。ただし、共通テストの場合、「教師」の説明が注の役割を果たすことになるから、ここで元の歌を必ず確認しておこうね。

引き歌が出た場合、とにかく元の歌を解釈すること。そして、そこで読み取れた心情・意味を本文の「引き歌」表現の箇所に代入すればいいんだ。

スゴ技 29

「引き歌」は次のように対策せよ。

①注・「会話文」などを参照し、元の歌を解釈（ザッとでOK）！

②読み取れた心情・意味を本文の「引き歌」表現の箇所に代入！

「会話文」に戻ろう。

教師　それは、
たらちねはかかれとてしもむばたまの我が黒髪をなでずやありけむ
という遍昭の歌に基づく表現だから、…

とあるので、「かかれとてしも」以外の部分（＝傍線を引いた部分）に気をつけながら、全体を解釈しよう。「たらちね」は「母親」、「かかれ」は「このようであれ」、「むばたまの」は「黒髪」を導く枕詞だから訳さない、「なでずやありけむ」の「けむ」は過去推量の助動詞なので（知らない人は文法書でザッとチェック！）「なでなかっただろう」、よって、「母親はこのようであれと思って、私の黒髪をなでなかったであろう」という意味になるよ。

じゃあ、「このようであれ」ってなんだろう。そこで、6時間目にやったことを思い出して！「和歌は和歌から考えるな」だったよね。この和歌が詠まれた背景を、続く「教師」の説明から読み取ろう。

“「元の歌」の詠まれた状況を「教師」の発言からチェック！”

「教師」が引用した『遍昭集』には、この和歌が詠まれた状況が書かれている。

なにくれといひありきしほどに、仕《つか》まつりし深草《ふかくさ》の帝《みかど》隠れおはしまして、かはらむ世を見むも、堪《た》へがたくかなし。蔵人の頭の中将などいひて、夜昼馴《な》れ仕まつりて、「名残りなからむ世に交《ま》じらはじ」とて、にはかに、家の人にも知らせで、比叡《ひえ》に上りて、頭《かしら》下ろし侍りて、思ひ侍りしも、さすがに、親などのことは、心にやかかり侍りけむ。

現代語訳

何やかんやと言い歩き回っていたときに、お仕えしていた深草の帝がお亡くなりになって、変化するような世を見るようなことも、耐え難く悲しい。（遍昭は）蔵人の頭中将などといって、夜も昼も（帝に馴れ親しみ）お仕えして、「心残りがないような世には交じるまい」と言って、急に家の人にも知らせないで、比叡山に登って、出家しまして、思いましたが、そうはいうもののやはり、親などのことは、気にかかったのでしょうか。

遍昭は帝の死をきっかけに出家した、「教師」と「生徒」のやりとりには直接記されていないが、これがまずみんながおさえなくてはいけないポイントだ。

出家すれば剃髪することになるね。出家して、自分の髪を剃髪した際に、母親のことを思い出して悲しくなって詠んだ歌だということがわかったかな。

『源氏物語』の本文にも、出家する前の浮舟が「親（＝母君）にもう一度このままの（＝出家する前の）姿を見せずじまいになってしまうようなことが、誰のせいでもなく自分の意志で出家するとはいえたいそう悲しい」と思う場面があったよね。

共通点・相違点を探れ！

ここまでどうだったかな。「ウエー難しい…」と思った人も多いのではないでしょうか。でも、心配しないでくださいね。**選択肢一つ一つは、本文の内容や会話文の内容と照らし合わせて、消去法も使えばちゃんと解けるようになっています。**選択肢をチェックしてみよう。

①は、「母はこのように私が出家することを願って私の髪をなでたに違いない」がおかしいね。「母親はこのようであれ（＝出家せよ）と思って、私の黒髪をなでなかったであろう」だから、親が出家するのを願うのはおかしい。

そうすると、①の和歌の解釈を支持している③・④の意見もおかしいことになるね。

②の解釈が正解だ。会話文問題で和歌などの解釈が含まれる場合、**誤った解釈を述べている生徒だけではなく、その意見に同調している生徒も切ってしまおう。**

スゴ技 30

会話文問題では、誤った解釈を述べている生徒だけでなく、その意見に同調している生徒も切ってしまえ！

⑤の選択肢は、②の解釈を支持している点はよいけれども、「わりきった浮舟の潔さ」は正しいのだろうか。遍昭の「母親はこのようであれ（＝出家せよ）と思って、私の黒髪をなでなかったであろう」という歌を「引き歌」で表現しても、「わりきった」心情は表せないよね。つまり肝心の「引き歌」の説明にそぐわない選択肢になっている。

一方、⑥の選択肢は「出家に踏み切るだけの心の整理を、浮舟はまだできていない」となっているね。じつは、**遍昭が出家後にこの歌を詠んだのに対して、浮舟が「引き歌」表現を使ってつぶやいたのは、出家する前という違いがある**んだ。**この両者の相違点を見抜くこと**こそ「**複数の題材による問題**」の重要なポイントだよ。

共通テストでは、「複数の素材を、分析・評価させる問題」が軸となる！

だから、共通テストでは複数の素材に見られる「共通点」もしくは「相違点」を探る姿勢

がとても大事なんだ。

もちろん、読んだだけでこの「相違点」を一発で見抜けなくてもOK。それは**選択肢が教えてくれます。**⑤の「わりきった」と、⑥の「出家に踏み切るだけの心の整理を、浮舟はまだできていない」とでは大きな違いがあるから、選択肢を使ってこの二つの違いを検討すればよい。このようなタイプの問題では、**消去法を使えば解答が導ける**ように出題者は選択肢を用意してくれるから、過度に恐れる必要はないよ。正解は②と⑥。

スゴ技 31

「複数の素材を、分析・評価させる問題」は次のように対処せよ！

① 読み解いた複数の素材を頭の中で統合する！

② 「共通点」もしくは「相違点」を探れ！

もちろん、本文について述べる現代文などが掲載され「融合問題」のような出題になる可能性も考えられます。共通テストはまだ一回も行われていないテストだから、この試行調査通りの問題が出題されるかどうか、「会話文問題」が本当に出題されるかどうかは100パーセントはわからない。でも、受験生はこの**「会話文」タイプの問題の対策を重ねておいたほうがいいでしょう**。現代の評論文を引用するよりも、出題者が自由に創作できて作問しやすい「会話文問題」を出題してくる可能性がかなり高いと思います。

なお、まだ時間のある人は、本書とは別に各予備校などが主催している共通テスト対策の模試を何回か受験しておこう。**従来と変わらない部分についてはセンターの過去問で慣れておき、多くの受験生が手薄になりがちな新しいタイプの問題には模試を活用して慣れておこうね！**

では、次の時間は総仕上げだ。最後まで気を抜かずにいこうね！

10時間目

本番への実戦トレーニング

さあ、いよいよ「共通テスト対策」の総まとめです。最終回は本番を想定したオリジナル問題で鍛えてみよう。辞書も文法書も見ないで、テストのつもりでやってみよう。**制限時間20分（時間厳守！）**で解いてみてね。

14 ミッション

次の問いに答えよ。

制限時間 20分

次の文章は『かざしの姫君』の一節である。中納言の娘であるかざしの姫君が、庭の菊の花が盛りを終えていくのを悲しみながらまどろんでいた。そこへ一人の男が現れ、姫君のもとに通うようになる。男が何者であるかを知りたがる姫君に対し、男は、自分は少将であるということだけを伝えていた。同じころ、中納言は帝から「菊の花揃へ」を命じられ、菊の花を献上することを約束する。本文は、それに続く場面から始まる。これを読んで、後の問い（**問1～5**）に答えよ。

難易度 ★★★★★

さて、少将はその日の暮れ方に、西の対に来《きた》りて、いつよりもうちしをれたるありさまにて、世の中のあだなることども語り続けて、うち涙ぐみ給《たま》へば、かざしの姫君、何とやらむ、もの思ひ姿に見えさせ給へば、

「いかなることをしめしわづらひ候ふぞ。心を残さず語り給へかし」と、夜もすがら聞こえさせ給へば、「今は何をかつつみ候ふべき。見え参らせんことも、今日を限りとなりぬれば、いかならむ末の世までと思ひしことも、みな(ア)いたづらごととなりなんことの悲しさよ」とて、さめざめと泣き給へば、姫君は「こはいかなることぞや。A御身をこそ深く頼み奉りしに、自らをば何となれとて、さやうには聞こえさせ給ふらん。野の末、山の奥までもいざなひ給へかし」とて、声も惜しまず悲しみければ、少将も心に任せざればとて、とかくの言《こと》の葉《は》もなし。

ややありて少将、涙のひまよりも、「(イ)今ははや立ち帰りなん。(注1)あひかまいてあひかまいて思しめし忘れ給ふな。自らも、御心ざしいつの世に忘れ奉るべき」なんど言ひて、鬢《びん》の髪を切りて、下絵したる薄様におし包みて、「もし思しめし出《い》でんときは、これを(注2)御覧ぜさせ給へ」とて、姫君に(ウ)参らせて、また、「胎内にもみどり子を残し置けば、いかにもいかにもよきに育ておきて、忘れ形見とも思しめせ」とて、泣く泣く出で給へば、姫君も御簾のほとりまで忍び出でて見やり給へば、庭の籬《まがき》のあたりへたたずみ給ふかと思ひて、見え給はず。

かくてその夜も明けぬれば、中納言は菊を君へぞ奉らせ給ひけり。君、(注3)叡覧《えいらん》限りなし。姫君は夕暮れを待ち給へど、少将は夢にもさらに見えざれば、Bいたはしや、姫君は、梢《こずゑ》のほかなる月影はくまなき夜半《よは》の空なれど、涙に曇る心地して、長き夜な夜な明かし給ひて、ある時その人の言ひ置きし忘れ形見を取り出だし、思ひのあまりに見給へば、一首の歌あり。

にほひをば君が袂《たもと》に残し置きてあだにうつろふ菊の花かな

とありて、その黒髪と思ひしは、しぼめる菊の花なれば、いよいよ不思議に思しめし、さては詠《よ》み置く言の葉までも、菊の精《せひ》かとおぼえて、その白菊の花園に立ち出で給ひて、のたまふやうは、「花こそちらめ、根さへ枯れめやと詠ぜしも、今身の上に知られたり。たとひ菊の精なりとも、今一度言の葉をかはさせ給へ」とて、あるにあられぬ御ありさま、げに理《ことわり》とぞ知られけり。「御花揃へなかりせば、かかる憂き目はあらじものを。とてもかくても、長らへはつべき我が身ならねば」と、思ふもなかなか心苦し。「はやはや迎へ給へ、少将殿。我をば誰に預け置き、いづくへとてかおはすらん。神ならぬ身の悲しさは、今を限りの言の葉なんどありしかど、ただ世の常のはかなさをも思ひ続け給ふかと思ひしに、こは何事ぞ。あさましや。夢か現《うつつ》か」とばかりにあきれ、臥《ふ》し沈み給ひて、忘るなとのみ言ひ置きし、それを別れの言の葉とは今さら思ひ知られたり。

（注）1　あひかまいて――「あひかまへて」が転じたもの。必ず。
2　御覧ざせ給へ――「御覧ぜさせ給へ」が転じたもの。
3　叡覧――天皇や上皇が御覧になること。

問1　傍線部(ア)～(ウ)の解釈として最も適当なものを、次の各群の①～⑤のうちから、それぞれ一つずつ選べ。

(ア)　いたづらごと
①　むだなこと
②　ふざけたこと
③　偽りのこと
④　不吉なこと
⑤　つまらないこと

(イ) 今ははや立ち帰りなん

① 今すぐに帰るつもりはありません
② もう早く帰ってしまいましょう
③ きっと今すぐに帰ってくるでしょう
④ すぐに帰ってしまってほしい
⑤ もうすぐ帰らなくてはなりません

(ウ) 参らせて

① お越しいただいて
② ご覧いただいて
③ 参上して
④ 申し上げて
⑤ 差し上げて

問2 傍線部Ａ「御身をこそ深く頼み奉りしに、自らをば何となれとて、さやうには聞こえさせ給ふらん。野の末、山の奥までもいざなひ給へかし」の説明として最も適当なものを、次の①〜⑤のうちから一つ選べ。

① 係助詞「こそ」によって、少将が姫君のことを恋しく思っていたということが強調されている。
② 「頼み奉りしに」は、「これからずっとあなたを頼りとするつもりだったのに」という意味である。
③ 「自らをば何となれ」とは、少将が自分自身はどうなってもよいと考えているということである。

④ 「さやう」は、少将の言葉の中の「いかならむ末の世まで」という部分を指している。
⑤ 「野の末、山の奥までもいざなひ給へかし」とは、「どこまでも私を連れて行ってほしい」という願いを表した表現である。

問3 傍線部B「いたはしや、姫君は、梢のほかなる月影は隈なき夜半の空なれど、涙に曇る心地して」の説明として最も適当なものを、次の①〜⑤のうちから一つ選べ。

① 夜になり暗くなった空を、涙で目を曇らせている姫君の気持ちにたとえている。
② 月が梢で欠けて見える様子と、少将を失った姫君の様子を重ね合わせている。
③ 晴れ渡った夜空と対比させることで、姫君の沈んだ気持ちを強調させている。
④ 梢や月など頭上にあるものを眺めて、姫君が涙をこらえている様子を表現している。
⑤ 月明かりに姫君の涙が光る様子を描き、姫君が泣き続けていることを印象づけている。

問4 この文章の内容に関する説明として**適当でないもの**を、次の①〜⑤のうちから一つ選べ。

① 少将は姫君に別れの言葉を告げたが、それを聞いたときの姫君は、少将と二度と会えなくなるとは思わなかった。
② 少将が姫君のもとを訪ねることができなくなったのは、庭の菊の花が帝に献上されてしまったことに関係している。
③ 少将が残していった形見を見たときに、姫君は少将が姿を見せなくなってしまった理由に初めて思い至った。

④ 少将は姫君の夢だけに現れていた菊の精だったが、姫君にとって少将は実在している人物と変わらない存在だった。

⑤ 少将に再び会うことは叶わないとわかった姫君は、たいそう嘆き悲しみ、死にたいと思うほどに取り乱した。

問5 次に掲げるのは、二重傍線部「花こそちらめ、根さへ枯れめや」に関して、生徒と教師が交わした授業中の会話である。会話中にあらわれる在原業平《ありわらのなりひら》の和歌や、それを踏まえる二重傍線部「花こそちらめ、根さへ枯れめや」の解釈として、会話の後に六人の生徒から出された発言①～⑥のうち、適当なものを二つ選べ。ただし、解答の順序は問わない。

生徒 先生、この「花こそちらめ、根さへ枯れめや」という部分は、「詠ぜし」とあるので以前に詠まれた歌の一部だとわかるのですが、文章中にはこの歌が詠まれた場面がありません。どういうことでしょうか。

教師 それは、この物語中で詠まれたということではないんだ。これより前の時代に詠まれた歌の一部なんだよ。

生徒 そうなんですね。どんな歌なのですか。

教師 在原業平が詠んだ

　植ゑし植ゑば秋なき時や咲かざらむ花こそ散らめ根さへ枯れめや

という歌だよ。この歌が収められた『古今和歌集』には、

人の前栽に菊に結びつけて植ゑける歌

という説明がつけられているよ。

生徒 この歌の内容を踏まえる必要があるということですね。

教師 「植ゑし植ゑば」の部分は、同じ動詞を重ねているよね。これは、その動作を強調しているんだ。さあ、この歌の内容も踏まえて、業平と『かざしの姫君』の姫君、それぞれについてみんなで意見を出し合ってごらん。

① 生徒A――業平は、歌を贈った人の庭の菊に歌を書いた手紙をつけたんだね。「心を込めて植えた菊であっても、花が咲く秋以外のときでは、花も散ってしまうし根も枯れてしまう」と詠んで、菊が盛りを過ぎてしまうことを悲しむ気持ちを伝えようとしたんだね。

② 生徒B――そうかなあ。この和歌は「心を込めて植えた菊であれば、秋以外には花は咲かないだろうが、花は散ってしまっても根までは枯れないだろう」という意味だと思うな。業平は、菊の花を大切にしてもらいたいという思いも込めて、歌を贈ったんだよ。

③ 生徒C――私はAさんの意見がいいと思う。かざしの姫君も、手元にあるしぼんだ菊の花を見て、花が枯れてしまったことを嘆いたんだよ。少将が来なくなったことを悲しんでいたところに、菊の花が枯れてしまったことが重なり、姫君はそうとう沈んだ気持ちになったんだと思うよ。

④ 生徒D――私も和歌の解釈はAさんのでいいと思う。しぼんだ菊の花は、少将の髪の毛だったものだよね。髪の毛が菊の花になったのを見て、姫君は少将が菊の精だったと気づいているよ。つまり、菊の花は少将の化身だから、花がしぼんでしまったということは少将が死んでしまったということだよ

ね。姫君はそのことを悲しんでいるんだよ。

⑤　生徒E——私は和歌の解釈はBさんのほうがいいと思うな。業平は、贈った菊に自分自身を重ねて、自分の相手に対する思いがなくなってしまうことはないと伝えているんだよ。だから、姫君は自分の少将への思いも尽きないということを言っているんだと思うよ。

⑥　生徒F——私も和歌の解釈はBさんのほうが正しいと思う。でも、姫君は菊の精である少将を菊に重ねているんじゃないかな。自分は日頃から菊の花を愛でているのだから、花はしおれてしまったとしても、少将の自分に対する思いは消えるはずがないと信じているんだよ。

慌てずにリード文・注をしっかり読む！

さあ、始めよう。制限時間を気にするあまり、慌てて本文に入る人がいるけど、それはダメ。**まず、「リード文」と「注」をしっかり読むこと。**リード文も注も、本文を読むにあたり必要な情報が書かれている。

共通テストに限らず、ほんとうはヒントなしで解いてほしいと出題者は思っている。でも、ノーヒントだと受験生には理解できないものがどうしても出てきてしまう。そこで、出題者は受験生がきちんと正解に辿り着けるように、リード文や注で「ヒント」を出すわけだ。だから、リード文や注を読まないなんて、無謀な戦いを始めるようなもの。ヒントが山ほどあるのだから、しっかりと読んで正解に近づこう。本文を読み始める前から戦いは始まっているのだ。何に注目すべきかは以下の通り。

スゴ技 32

本文を読む前に、リード文・注で以下の情報をキャッチせよ！

①出典・ジャンル　⬇今からどういうジャンルの本文を読むのかおさえてから本文に入ること。
②登場人物　⬇主要登場人物の説明が書かれているから、人物関係をつかむこと。
③人物関係図　⬇本文の後に人物関係図があるかもしれない。読み始める前に情報を入れておくと非常に読みやすい。

リード文——登場人物の紹介

次の文章は『かざしの姫君』の一節である。中納言の娘であるかざしの姫君が、庭の菊の花が盛りを終えていくのを悲しみながらまどろんでいた。そこへ一人の男が現れ、姫君のもとに通うようになる。男が何者であるかを知りたがる姫君に対し、男は、自分は少将であるということだけを伝えていた。同じころ、中納言は帝から「菊の花揃へ」を命じられ、菊の花を献上することを約束する。本文は、それに続く場面から始まる。

主要登場人物は、**「かざしの姫君」**、**「男」**（＝**少将**）、**「中納言」**、**「帝」**だね。姫君のところに、男が通うようになったが、男は詳しい身の上を明かさない。姫君の父親である中納言は、帝に菊を献上すること約束する。そういう内容だね。

第一段落——悲しげな様子の少将

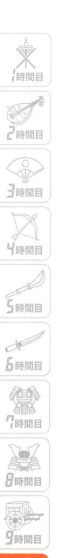

さて、少将はその日の暮れ方に、西の対に来《きた》りて、いつよりもうちしをれたるありさまにて、世の中のあだなることども語り続けて、うち涙ぐみ給《たま》へば、かざしの姫君、何とやらむ、もの思ひ姿に見えさせ給へば、

「いかなることをしめしわづらひ候ふぞ。心を残さず語り給へかし」と、夜もすがら聞こえさせ給へば、「今は何をかつつみ候ふべき。見え参らせんことも、今日を限りとなりぬれば、いかならむ末の世までと思ひしことも、みな(ア)いたづらごととなりなんことの悲しさよ」とて、さめざめと泣き給へば、姫君は「こはいかなることぞや。A御身をこそ深く頼み奉りしに、自らをば何となれとて、さやうには聞こえさせ給ふらん。野の末、山の奥までもいざなひ給へかし」とて、声も惜しまず悲しみければ、少将も心に任せざればとて、とかくの言《こと》の葉《は》もなし。

現代語訳

さて、少将はその日の夕方に、西の対にやって来て、いつもより元気のない様子で、世の中のはかないことなどを語り続けて、涙ぐまれるので、かざしの姫君は、どうしたのであろうか、（少将が）もの思いをしている姿にお見えになるので、「どのようなことをお思いになって悩んでいるのですか。心残りがなくなるまでお話しください」と、一晩中申し上げなさると、「今となっては何を隠しましょう。（あなたに）お会いすることも、今日限りとなったので、どんな末の世までも（一緒にいたい）と思ったことも、すべてむだになってしまうようなことが悲しいのです」と、さめざめとお泣きになるので、姫君は「これはどういうことですか。あなたを深くお頼り申し上げていましたのに、私のことをどうとでもなれと、そのように申していらっしゃるのでしょうか。どのような野の果て、山の奥までもお連れになってください」と、声を上げて悲しむと、少将も思い通りにならないことだからと、あれこれという言葉もない。

第一段落は、**かざしの姫君**と姫君に通《かよ》っている**少将**とのやりとりだね。少将は「お目にかかることも、今日限りとなったので、ずっと一緒にいたいと思ったことも、すべてむだになってしまうのが悲しい」と言っている。何かの事情があって、少将は姫君のところに来ることができなくなったみたいだね。

設問を見てみよう。問1(ア)「いたづらごと」は、基本単語の知識で解けるよ。形容動詞「いたづらなり」は①つまらない、むなしい、②無駄だ、無意味だ、などを表す。その言葉を覚えておけば、名詞「いたづらごと（徒ら事）」は「**無駄なこと**」「**役に立たないこと**」って導けるよね。正解は①。

問2は傍線部の説明問題。8時間目でも説明したように、独立した文法問題が出なくても文法に絡めてくることがあるから要注意だ。選択肢ごとに見ていこう。

① 係助詞「こそ」によって、少将が姫君のことを恋しく思っていたということが強調されている。
↓ 「頼み」の主語は姫君なので誤り。

② 「頼み奉りしに」は、「これからずっとあなたを頼りとするつもりだったのに」という意味である。
↓ 「し」は過去の助動詞「き」の連体形。「深くお頼り申し上げていた」という意味なので誤り。

③ 「自らをば何となれ」とは、少将が自分自身はどうなってもよいと考えているということである。
↓ 「何となれ」は「何とでもなれ」だからOK。でも、「自ら」は発言者の姫君自身を指すので誤り。

④「さやう」は、少将の言葉の中の「いかならむ末の世まで」という部分を指している。
↓「いかならむ末の世まで」は「どんな末の世までも（一緒にいたい）」という願いを表すので誤り。

⑤「野の末、山の奥までもいざなひ給へかし」とは、「どこまでも私を連れて行ってほしい」という願いを表した表現である。
↓特に誤りはない。↓姫君から少将への懇願を表した言葉である。

しっかりと人物関係や指示語をおさえること。消去法で攻めていこう。正解は⑤。

第二段落・姿を消した少将

ややありて少将、涙のひまよりも、「(イ)今ははや立ち帰りなん。あひかまいてあひかまいて思しめし忘れ給ふな。自らも、御心ざしいつの世に忘れ奉るべき」なんど言ひて、鬢《びん》の髪を切りて、下絵したる薄様におし包みて、「もし思しめし出《い》でんときは、これを御覧ぜさせ給へ」とて、姫君に(ウ)参らせて、また、「胎内にもみどり子を残し置けば、いかにもいかにもよきに育てておきて、忘れ形見とも思しめせ」とて、泣く泣く出で給へば、姫君も御簾のほとりまで忍び出でて見やり給へば、庭の籬《まがき》のあたりへたたずみ給ふかと思ひて、見え給はず。

現代語訳

少ししてから少将は、涙をこらえ、「もう早く帰ってしまいましょう。必ず（私のことを）お忘れにならないでください。私も、（あなたの）お気持ちをいつ忘れ申し上げることがあるだろうか、いやあるはずがない」などと言って、鬢の髪を切り、下絵の描かれた薄い紙に包み、「もし（私のことを）思い出しになるようなときは、これをご覧になってください」と、姫君に差し上げて、また「お腹に子どもを残しているので、どうかどうか立派に育て、忘れ形見ともお思いください」と、泣く泣くお出になるので、姫君も御簾の近くまでこっそりと出て目をお向けになると、（少将は）庭の籬の近くにたたずんでいらっしゃるかと思ったが、（姫君には）お見えにならない。

そして、少将は自らの髪を切り、それを包んで姫君に渡して去って行きます。出ていく少将を姫君が目で追うと、庭の籬（＝垣根）のあたりで姿を消した。なんだか、少将のちょっと不思議な雰囲気が描かれているね。

では、設問を見てみよう。問1(イ)「今ははや立ち帰りなん」は、「なん」に注目だ。2時間目でやった文法事項を思い出して！　連用形＋「なむ（なん）」は、**強意の助動詞「ぬ」の未然形＋推量の助動詞「む（ん）」**だ（ここでは、**意志**の意味になります）。よって、「もう早く帰ってしまいましょう」となる。正解は②。

(ウ)の「参らせて」は、敬語動詞「参らす」を確認してほしい。謙譲語で「**差し上げる**」という意味だ。正解は⑤。

第三段落・少将の忘れ形見を取り出して悲しむ姫君

かくてその夜も明けぬれば、中納言は菊を君へぞ奉らせ給ひけり。君、叡覧《えいらん》限りなし。姫君は夕暮れを待ち給へど、少将は夢にもさらに見えざれば、Bいたはしや、姫君は、梢《こずゑ》のほかなる月影はくまなき夜半《よは》の空なれど、涙に曇る心地して、長き夜な夜な明かし給ひて、ある時その人の言ひ置きし忘れ形見を取り出だし、思ひのあまりに見給へば、一首の歌あり。

　にほひをば君が袂《たもと》に残し置きてあだにうつろふ菊の花かな

とありて、その黒髪と思ひしは、しぼめる菊の花なれば、いよいよ不思議に思しめし、さては詠《よ》み置く言の葉までも、菊の精《せい》かとおぼえて、その白菊の花園に立ち出で給ひて、のたまふやうは、「花こそちらめ、根さへ枯れめやと詠ぜしも、今身の上に知られたり。たとひ菊の精なりとも、今一度言の葉をかはさせ給へ」とて、あるにあられぬ御ありさま、げに理《ことわり》とぞ知られけり。「御花揃へなかりせば、かかる憂き目はあらじものを。とてもかくても、長らへはつべき我が身ならねば」と、思ふもなかなか心苦し。「はやはや迎へ給へ、少将殿。我をば誰に預け置き、いづくへとてかおはすらん。神ならぬ身の悲しさは、今を限りの言の葉なんどありしかど、ただ世の常のはかなさをも思ひ続け給ふかと思ひしに、こは何事ぞ。あさましや。夢か現《うつつ》か」とばかりにあきれ、臥《ふ》し沈み給ひて、忘るなとのみ言ひ置きし、それを別れの言の葉とは今さら思ひ知られたり。

現代語訳

そうしてその夜も明けると、中納言は菊を帝へ献上なさった。帝はずっとご覧になっていた。姫君は夕暮れをお待ちになるけれども、少将はまったく現れないので、不憫《ふびん》なことに、姫君は、梢から外れた月明かりは曇りのない夜空であるが、涙で曇ってしまう気がして、長い夜を明かしなさって、あるとき少将が言い残した忘れ形見を取り出し、おさえられない気持ちのままにご覧になると、一首の歌がある。

香りだけをあなたの袖に残してはかなくしおれていく菊の花であることよ

とあり、少将の髪の毛と思ったものは、しぼんだ菊の花だったので、ますます不思議にお思いになり、それでは詠んだ歌の言葉までも、菊の精によるものかと思われて、（庭の）白菊の花園にお立ちになって、おっしゃることは、「『花こそちらめ、根さへ枯れめや』と詠んだ歌のことも、今は自分のことと思ってしまう。たとえ菊の精であっても、もう一度、言葉を交わしなさってください」と、落ち着きをなくしているご様子でいるのは、本当に当然のことだと思われるものだ。「『花揃へ』がなければ、このようなつらいこともなかっただろうに。とにもかくにも、長生きするべき我が身ではないのだから（もう死んでしまいたい）」と思うのもかえって心苦しい。「早く早くお迎えになってください、少将殿。私を誰かに預けおいて、どこにいらっしゃるのでしょうか。神ではない人の身であることの悲しさとしては、これが最後だという言葉などがあったけれども、ありきたりな頼りなさだけを思い続けなさっているのかと思ったのに、これはどういうことか、嘆かわしいことよ。夢なのか、現実なのか」とばかりに呆然とし、悲しみに沈みなさって、忘れるなとだけ言い残したが、それは別れの言葉だったと、今ごろになって気づいたのである。

内容は理解できたかな。ざっと説明しよう。リード文にもあったように、菊の花を献上することになった中納言（姫君の父）は、帝に菊の花を献上する。帝はその菊を大いに喜んで鑑賞しているようだね。

一方、少将がいなくなった後、姫君は少将を思い悲しんでいた。少将が残したものを取り出してみるとそこには歌があった。少将は髪の毛を残していたようだけど、なんとそこにあったのは、しぼんだ菊の花。少将が髪の毛を残した翌日に中納言が帝に菊を献上したことから考えると、少将の正体は菊の精だったということがわかる。「私のことを忘れるな」と言い残した少将の言葉を、姫君は永遠の別れだとは思っていなかったが、このときになってもう二度と少将には会えないということを悟った。

では、設問。問3は、傍線部Bの「いたはしや」は「不憫なことだよ」という意味。ポイントは、「梢のほかなる**月影はくまなき夜半の空なれど**、**涙に曇る心地して**」の部分。「梢から外れた**月明かりは曇りのない夜空であるが**、**涙で曇ってしまう気**がして、」と言っている。景物を表す描写が「**曇りのない**夜空」となっているのに対して、姫君の心情は「涙で**曇る**心地」と真逆のことを言っているね。これは**対比**だね。対比を利用すれば登場人物の心情を際立たせた描写をすることができる。つまり、曇りのない夜空を表現することによって、姫君の悲しみを際立たせる効果を狙っているんだ。正解は③。

本文全体を読んで内容合致問題にチャレンジ

問4は、内容合致問題。**適当でないもの**を選ぶので注意。選択肢ごとに見ていこう。

①少将は姫君に別れの言葉を告げたが、それを聞いたときの姫君は、少将と二度と会えなくなるとは思わなかった。

↓現代語訳参照。最後に、「このときになってもう二度と少将には会えないということを悟った」わけだから、正しい。

②少将が姫君のもとを訪ねることができなくなったのは、庭の菊の花が帝に献上されてしまったことに関係している。

↓この物語の核心。「『花揃へ』がなければ、このようなつらいこともなかっただろうに」と、菊の精である少将が来なくなった原因は「花揃へ」で菊が献上されてしまったことのせいだと考えている。菊が帝に献上される前日に、少将はお別れを言いに来たのである。よってこれも正しい。

③少将が残していった形見を見たときに、姫君は少将が姿を見せなくなってしまった理由に初めて思い至った。

↓姫君は、少将が「もうお会いできない」と言ったときは、理由がわからず、少将も言葉で説明はしていない。よってこれも正しい。

④ 少将は×姫君の夢だけに現れていた菊の精だったが、姫君にとって少将は実在している人物と変わらない存在だった。

⑤ 少将が残していった形見を姫君が持っているのだから、この話を「夢」と判断することはできない。

↓ 少将に再び会うことは叶わないとわかった姫君は、たいそう嘆き悲しみ、死にたいと思うほどに取り乱した。

↓ 現代語訳参照。「とにもかくにも、長生きするべき我が身ではないのだから（もう死んでしまいたい）」と姫君は嘆いている。よって、正しい。

以上から正解は④。

「会話文」「引き歌」のアプローチ法を思い出そう！

では、いよいよ問5「会話文」にいこう。9時間目を思い出して！

まず、「教師」の発言から、「花こそちらめ、根さへ枯れめや」が引き歌表現だとわかるね。

これの元の歌「**植ゑし植ゑば秋なき時や咲かざらむ花こそ散らめ根さへ枯れめや**」はどういう意味だろうか。「教師」の解説によると、この歌には、「人の前栽に菊に結びつけて植ゑける歌（＝人の邸の庭の植え込みに菊を植えたときに詠んだ歌）」という詞書《ことばがき》があるようだ。それを参考にこの和歌を解釈すると、「**しっかりと植えたので、秋でないときには咲かないでしょうが**（＝**秋は毎年来ますのできっと咲きます**）、**花が散ることはあっても、根まで枯れるでしょうか、いや、根まで枯れることはないでしょう**」となります（最後の「めや」は反語を表す表現）。以上のことから、まず、生徒A・Bどちらの解釈が正しいか、選択肢で確認してみよう。

> ① 生徒A――業平は、歌を贈った人の庭の菊に歌を書いた手紙をつけたんだね。「心を込めて植えた菊であっても、花が咲く秋以外のときでは、花も散ってしまうし×根も枯れてしまう」と詠んで、菊が盛りを過ぎてしまうことを悲しむ気持ちを伝えようとしたんだね。
>
> ② 生徒B――そうかなあ。この和歌は「心を込めて植えた菊であれば、秋以外には花は咲かないだろうが、花は散ってしまっても○根までは枯れないだろう」という意味だと思うな。業平は、菊の花を大切にしてもらいたいという思いも込めて、歌を贈ったんだよ。

よって、生徒Bの解釈は正しいが、生徒Aの解釈は誤りだとわかる。
そこで 9時間目 の スゴ技30 を思い出して！ 会話文で和歌などの解釈が含まれる場合、

誤った解釈を述べている生徒だけでなく、その意見に同調している生徒も切ってしまおう。

よって、

③ 生徒C――私はAさんの意見がいいと思う。かざしの姫君も、手元にあるしぼんだ菊の花を見て、花が枯れてしまったことを嘆いたんだよ。少将が来なくなったことを悲しんでいたところに、菊の花が枯れてしまったことが重なり、姫君はそうとう沈んだ気持ちになったんだと思うよ。

④ 生徒D――私も和歌の解釈はAさんのでいいと思う。しぼんだ菊の花は、少将の髪の毛だったものだよね。髪の毛が菊の花になったのを見て、姫君は少将が菊の精だったと気づいているよ。つまり、菊の花は少将の化身だから、花がしぼんでしまったということは少将が死んでしまったということだよね。姫君はそのことを悲しんでいるんだよ。

この時点で、生徒A（①）と、それに同調する生徒C（③）・生徒D（④）が切れる。

②は全体として、特に問題はなさそうだね。

では、残った⑤と⑥をチェックだ。

⑤ 生徒E――私は和歌の解釈はBさんのほうがいいと思うな。業平は、贈った菊に自分自身を重ねて、自分の相手に対する思いがなくなってしまうことはないと伝えているんだよ。だから、姫君は自分の少将への思いも尽きないということを言っているんだと思うよ。

⑥ 生徒F――私も和歌の解釈はBさんのほうが正しいと思う。でも、姫君は菊の精である少将を菊に重ねているんじゃないかな。自分は日頃から菊の花を愛でているのだから、花はしおれてしまったとしても、少将の自分に対する思いは消えるはずがないと信じているんだよ。

元の歌では「**花が散ることはあっても、根まで枯れることはない**」と詠んでいるわけだから、その歌を引用した姫君は「花（＝目に見える部分）はなくなっても、根まではなくならない（＝根幹の部分は変わらずにあり続ける）」と言いたいのだと考えられる。二重傍線部の直後で姫君は「今身の上に知られたり（＝今は自分のことと思ってしまう）」と言っているので、「花が散ることはあっても、根まで枯れることはない」という解釈を、少将を失って取り乱す姫君自身と重ね合わせてみると、**「自分の少将への思いがなくなることはない」**という⑤のほうがよいと考えられるね。取り乱していた文脈から考えても、「少将の自分に対する思いは消えるはずがないと信じている」は不適切だとわかるだろう。正解は⑤。

おわりに

最後まで諦めるな！　がんばれ！

10時間の「スゴ技」、どうだったでしょうか。最後の実戦問題を解いてみて、自分の弱点がわかったかな。放ったらかしにしないで必ず復習しましょう！

この本を最後まで読んでくれた人にはわかると思うけど、**「スゴ技」って「受験テクニック」じゃなくて「正攻法」なんですね。**手に取ってくれた人の中には、「スゴ技」というタイトルを見て「ズルい手を使って点数をとる受験テクニック」が書いてあると期待した人もいたのではないでしょうか。残念ですが、**世の中にはそんなものはありません。**でも、そんな危険なテクニックを覚えるよりも、はるかに役立つことをこの本に盛り込みました。この方針は、前著『最短10時間で9割とれる　センター古文のスゴ技』から少しも変えるつもりはありませんでした。おかげさまで、『センター古文のスゴ技』は出版直後から多くの受験生に支持されました。ある受験生からは「今まで何をどうすればよいかわからない状態だったのに、『スゴ技』を読んでからはマーク模試や本番でもずっと満点。ありがとうございました」

というれしい手紙もいただきました。ぜひ読者の皆さんも続いてほしいなと思います。感想、お待ちしています。

この本で学んだことをきちんと定着させれば、共通テストで9割、いや満点も夢ではありません。新しい試験は不安でいっぱい。それは当然です。でも、**やるべきことをやれば必ず自分の道は開けます**。「**共通テストなんて怖くない**」、読み終わった受験生がそう言ってくれるとうれしいです。

皆さんが、本番で目標点をとれるように教室から祈っています。がんばれ、受験生！

渡辺　剛啓

巻末資料①
共通テスト必修単語 192

巻末資料②
共通テスト必修敬語動詞 198

巻末資料③
共通テスト必修掛詞・枕詞 200

「共通テスト古文」では、まず単語を知らないと話にならない！ 必要最低限のものを厳選したから、これだけはちゃんと覚えてほしい。なーに、膨大な英単語に比べたら軽い軽い。赤字の語は、特に重要な「勝敗を分ける古文単語」だ！ 優先的に覚えよう！

「敬語動詞」は、敬意の方向問題で大切なヒントになるから、しっかりおさえてね。

「掛詞」と「枕詞」は、苦手な和歌を攻略するための大切なアイテムだ。和歌を読むときにはちゃんと意識してね。

チェック	単語	品詞	訳
□	1 あからさまなり	形動	ほんのちょっと
□	2 あからめ	名	①わき見、よそ見 ②浮気
□	3 あきらむ(明らむ)	動	あきらかにする
□	4 あさまし	形	驚きあきれるほどだ、意外だ
□	5 あさむ	動	①驚きあきれる、意外に思う ②馬鹿にする、軽蔑する
□	6 あし(悪し)	形	悪い
□	7 あそび(遊び)	名	管絃の宴
□	8 あだなり	形動	①浮気だ ②はかない
□	9 あたらし	形	惜しい
□	10 あてなり(貴なり)	形動	①上品だ ②高貴だ
□	11 あなかしこ～禁止	副	決して～するな
□	12 あはれなり	形動	しみじみと心に深く感じられる
□	13 あまた	副	たくさん
□	14 **あやし**	形	①不思議だ ②みすぼらしい ③身分が低い
□	15 **あやなし**	形	①筋が通らない ②わけがわからない

チェック	単語	品詞	訳
□	16 ありがたし	形	①めったにないほど優れている ②めったにない
□	17 ありく(歩く)	動	動き回る
□	18 いうなり(優なり)	形動	優美だ、上品だ
□	19 **いかで～①推量／②願望・意志**	副	①どうして～だろうか ②なんとかして～したい・～しよう
□	20 いそぎ(急ぎ)	名	準備
□	21 いたし	形	①すばらしい ②ひどい (連用形で)③たいそう ④それほど～(ない)
□	22 いたづらなり	形動	①無駄だ ②役に立たない ③むなしい
□	23 いたづらになる	慣	死ぬ
□	24 いつく	動	大切に育てる
□	25 **いつしか**	副	①いつのまにか ②早く(～たい・～てほしい)
□	26 いと	副	①たいそう ②それほど～(ない)
□	27 いときなし、いとけなし、いはけなし	形	幼い、あどけない
□	28 いとど	副	ますます
□	29 いとふ(厭ふ)	動	①いやがる ②(「世をいとふ」の形で)出家する
□	30 いとほし	形	気の毒だ

チェック	単語	品詞	訳
□ 31	いぶかし	形	①気がかりだ ②知りたい
□ 32	いふもおろかなり	慣	言い尽くせない
□ 33	**いふもさらなり、いへばさらなり**	慣	言うまでもない
□ 34	いまいまし（忌ま忌まし）	形	不吉だ
□ 35	いみじ	形	①すばらしい ②ひどい ③（連用形で）とても
□ 36	うし（憂し）	形	①嫌だ ②つらい
□ 37	うしろみる（後ろ見る）	動	世話をする、後見する
□ 38	**うしろめたし、うしろめたなし**	形	気がかりだ、不安だ
□ 39	**うたてし**	形	①いやだ ②嘆かわしい
□ 40	うち（内・内裏）	名	①宮中 ②天皇
□ 41	うつくし（美し）	形	かわいらしい
□ 42	うへ（上）	名	①天皇 ②奥方
□ 43	うるはし	形	きちんとしている、整っている
□ 44	え〜打消	副	〜できない
□ 45	えんなり（艶なり）	形動	優美だ

チェック	単語	品詞	訳
□ 46	**おいらかなり**	形動	穏やかである、おっとりしている
□ 47	おこたる	動	病気が良くなる
□ 48	おこなふ（行ふ）	動	仏道修行をする
□ 49	**おとなし（大人し）**	形	①大人びている ②思慮分別がある
□ 50	おどろく	動	①目を覚ます ②はっと気づく
□ 51	おほかた〜打消	副	まったく〜ない
□ 52	**おぼつかなし**	形	①はっきりしない ②気がかりだ ③待ち遠しい、じれったい
□ 53	おぼろけなり	形動	①並々である、普通だ ②並大抵でない、並ひととおりではない
□ 54	おもしろし	形	①風流だ、すばらしい ②楽しい
□ 55	おもはずなり（思はずなり）	形動	意外だ、思いがけない
□ 56	**おろかなり（疎かなり）**	形動	①いい加減だ ②（「〜とはおろかなり」で）〜という言葉では言い尽くせない
□ 57	かぎり（限り）	名	①限界 ②臨終 ③〜のすべて
□ 58	かこつ	動	①嘆く ②（他の）せいにする
□ 59	かしこし（畏し、賢し）	形	①おそれ多い ②優れている ③都合がよい ④（連用形で）はなはだしく
□ 60	かしづく	動	大切に育てる

チェック	単語	品詞	訳
□	61 かしらおろす（頭おろす）	慣	出家剃髪する
□	62 かたじけなし	形	おそれ多い、もったいない
□	63 かたはらいたし	形	①みっともない、見苦しい ②きまりが悪い ③気の毒だ
□	64 かたみに	副	互いに
□	65 かづく（被く）	動	①［四段］かぶる、（褒美を）いただく ②［下二段］かぶせる、（褒美を）与える
□	66 かなし	形	①いとしい ②悲しい
□	67 かまへて〜禁止	副	決して〜するな
□	68 きよらなり（清らなり）	形動	清らかで美しい
□	69 ぐす（具す）	動	①伴う ②連れる ③添える
□	70 くちをし（口惜し）	形	残念だ
□	71 くっす（屈す）、くんず（屈ず）	動	ふさぎ込む
□	72 けし（怪し、異し）	形	異様だ
□	73 けしうはあらず	慣	悪くはない
□	74 けしからず	慣	①異様だ ②よくない
□	75 けしき（気色）	名	①様子 ②機嫌

チェック	単語	品詞	訳
□	76 げに（実に）	副	本当に、なるほど
□	77 こうず（困ず）	動	疲れる
□	78 ここら、そこら	副	たくさん
□	79 こころぐるし（心苦し）	形	①気の毒だ ②気がかりだ
□	80 こころづきなし	形	気に入らない
□	81 こころにくし	形	奥ゆかしい
□	82 こころもとなし	形	①はっきりしない ②気がかりだ ③待ち遠しい、じれったい
□	83 こころやすし（心安し）	形	安心だ
□	84 ことわり（理）	名	道理
□	85 ことわりなり（理なり）	形動	もっともだ、当然だ
□	86 さうざうし	形	①もの足りない ②寂しい
□	87 さうなし（双無し、左右無し）	形	①比べるものがない、並ぶものがない ②ためらわない、言うまでもない
□	88 ざえ（才）	名	①（漢学の）教養 ②（和歌・音楽の）才能
□	89 さかし（賢し）	形	①賢い ②こざかしい
□	90 さすが、さすがに	副	そうはいってもやはり

チェック	単語	品詞	訳
□	91 さながら（然ながら）	副	①そのまま ②すべて
□	92 さまをかふ（様を変ふ）	慣	出家する
□	93 さらに～打消	副	まったく～ない
□	94 さらにもいはず	慣	言うまでもない、もっともだ
□	95 さらぬわかれ（避らぬ別れ）	慣	死別
□	96 さるべき（然るべき）	慣	①そうなるはずの（運命の・宿命の） ②ふさわしい ③立派な
□	97 さるべきにや	慣	そうなるはずの前世からの宿縁であろうか
□	98 しのぶ（忍ぶ、偲ぶ）	動	①我慢する ②人目を避ける ③思い出す
□	99 しほたる（潮垂る）	動	涙を流す
□	100 **しるし（験、徴）**	名	①前兆 ②効き目 ③ご利益
□	101 すずろなり、そぞろなり（漫ろなり）	形動	①（連用形で）あてもなく、わけもなく ②むやみやたらだ ③思いがけない
□	102 たえて～打消	副	まったく～ない
□	103 ただならず	慣	妊娠している
□	104 たのむ（頼む）	動	①[四段]あてにする、期待する ②[下二段]あてにさせる、期待させる
□	105 ちぎり（契り）	名	①約束 ②前世からの宿縁 ③男女が逢うこと、逢瀬

チェック	単語	品詞	訳
□	106 **つきづきし**	形	似つかわしい、ふさわしい
□	107 **つきなし**	形	ふさわしくない
□	108 つとめて	名	①早朝 ②翌朝
□	109 つゆ～打消	副	まったく～ない
□	110 つらし	形	①薄情だ、冷淡だ ②つらい
□	111 つれづれなり（徒然なり）	形動	①退屈だ ②もの寂しい
□	112 **つれなし**	形	①平然としている ②冷淡だ
□	113 とし（疾し）	形	早い、速い
□	114 な～そ	副	～してはいけない
□	115 なかなか	副	かえって
□	116 ながむ（眺む、詠む）	動	①もの思いに沈む ②和歌を詠む
□	117 など、などか、などて	副	①（疑問）どうして～か ②（反語）どうして～か。いや、～ない
□	118 **なのめなり**	形動	①並ひととおりだ ②並ひととおりではない
□	119 なほ	副	やはり、依然として
□	120 **なほざりなり**	形動	いい加減だ、本気ではない

チェック	単語	品詞	訳
□ 121	なまめかし	形	①若々しい ②上品だ
□ 122	なやまし	形	（病気などで）気分が悪い
□ 123	なやむ	動	病気になる
□ 124	ならふ（慣らふ、馴らふ）	動	①慣れる ②なじむ
□ 125	**にほふ（匂ふ）**	動	①美しく映える ②香る
□ 126	**ねんごろなり（懇ろなり）**	形動	①心を込めて丁寧だ ②熱心だ ③親密だ
□ 127	ねんず（念ず）	動	①我慢する ②祈る
□ 128	ののしる	動	①大声で騒ぐ ②評判になる
□ 129	はかなくなる	慣	死ぬ
□ 130	**はしたなし**	形	①中途半端だ ②きまりが悪い ③みっともない
□ 131	はづかし（恥づかし）	形	（こちらが恥ずかしくなるほど）立派だ
□ 132	**びんなし（便無し）**	形	不都合だ
□ 133	ふみ（文）	名	①手紙 ②漢詩、漢籍
□ 134	ほい（本意）	名	①かねてからの望み ②出家の願い

チェック	単語	品詞	訳
□ 135	ほいなし（本意無し）	形	残念だ
□ 136	ほだし（絆）	名	①妨げになるもの、家族 ②出家の妨げになるもの
□ 137	**まうく（設く）**	動	準備する、用意する
□ 138	**まめなり**	形動	①誠実だ、まじめだ ②実用的だ
□ 139	**まめまめし**	形	①誠実だ、まじめだ ②実用的だ
□ 140	まもる、まぼる	動	見守る
□ 141	みぐしおろす（御髪おろす）	慣	出家剃髪する
□ 142	みる（見る）	動	男女が結ばれる、結婚する
□ 143	**むくつけし**	形	気味が悪い
□ 144	**むつかる**	動	①不快に思う ②腹を立てる
□ 145	むなしくなる	慣	死ぬ
□ 146	むべ、うべ	副	なるほど
□ 147	**めざまし**	形	①気にくわない ②素晴らしい
□ 148	めづ	動	①感嘆する ②気に入る

チェック	単語	品詞	訳
□ 149	めづらし	形	素晴らしい
□ 150	めでたし	形	素晴らしい
□ 151	もてなす	動	①扱う ②振る舞う
□ 152	ものし	形	不快だ
□ 153	ものす（物す）	動	する
□ 154	やうやう	副	次第に、だんだんと
□ 155	やがて	副	①（状態が）そのまま ②（時間が）すぐに
□ 156	やさし	形	①優雅だ ②けなげだ、殊勝だ
□ 157	やつす	動	①目立たない服装にする ②出家する
□ 158	やむごとなし	形	①高貴だ ②並々ではない
□ 159	やをら、やはら	副	そっと、静かに
□ 160	ゆかし	形	見たい、聞きたい、知りたい、心ひかれる
□ 161	ゆめ・ゆめゆめ〜禁止／打消	副	①決して〜するな ②まったく〜ない
□ 162	ゆゆし	形	①不吉だ ②素晴らしい ③（連用形で）はなはだしく
□ 163	よしなし（由無し）	形	①つまらない ②関係がない

チェック	単語	品詞	訳
□ 164	よに〜打消	副	まったく〜ない
□ 165	よも〜じ	副	まさか〜ないだろう
□ 166	よをすつ（世を捨つ）	慣	出家する
□ 167	よをそむく（世を背く）	慣	出家する
□ 168	よろし	形	悪くはない、普通だ
□ 169	らうたし	形	①かわいらしい ②いじらしい
□ 170	わたる（渡る）	動	①通る、行く ②〜し続ける ③一面に〜する
□ 171	わづらふ	動	①病気になる ②〜しかねる
□ 172	わびし（侘びし）	形	つらい、やりきれない
□ 173	わぶ（侘ぶ）	動	①嘆く ②困る ③〜しかねる
□ 174	わりなし	形	①無理だ ②どうしようもない ③つらい ④（連用形で）ひどく
□ 175	わろし	形	よくない
□ 176	をかし	形	①美しい、かわいらしい、風流だ ②おかしい
□ 177	をさをさ〜打消	副	ほとんど〜ない
□ 178	をさをさし（長長し）	形	①しっかりしている ②大人びている

チェック	尊敬語	訳
□ ①	おはす、おはします	①いらっしゃる ②～なさる、お～になる
□ ②	おぼす、おぼしめす	お思いになる
□ ③	おほす(仰す)、おほせらる(仰せらる)	おっしゃる
□ ④	おほとのごもる(大殿籠る)	おやすみになる
□ ⑤	きこしめす(聞こし召す)	①お聞きになる ②召し上がる
□ ⑥	たてまつる(奉る)	①お召しになる ②お乗りになる ③召し上がる ＊謙譲語もあるので注意
□ ⑦	たまはす(給はす)	お与えになる、くださる
□ ⑧	たまふ(給ふ)	①お与えになる、くださる ②お～になる ＊四段活用
□ ⑨	まゐる(参る)	召し上がる ＊謙譲語もあるので注意
□ ⑩	めす(召す)	①お呼びになる ②お取り寄せになる ③お召しになる ④お乗りになる ⑤召し上がる
□ ⑪	のたまふ、のたまはす	おっしゃる

チェック	丁寧語	意味
□ ①	さぶらふ、さうらふ(候ふ)	①あります、ございます ②～です、～ます ＊謙譲語もあるので注意
□ ②	はべり(侍り)	①あります、ございます ②～です、～ます ＊謙譲語もあるので注意

チェック	謙譲語	訳
□	① うけたまはる（承る）	①お受けする ②お聞きする、うかがう
□	② きこゆ（聞こゆ）	①申し上げる ②～申し上げる
□	③ けいす（啓す）	（中宮・東宮に）申し上げる
□	④ さぶらふ、さうらふ（候ふ）	お仕えする、おそばに控える ＊丁寧語もあるので注意
□	⑤ そうす（奏す）	（天皇・上皇に）申し上げる
□	⑥ たてまつる（奉る）	①差し上げる ②～申し上げる ＊尊敬語もあるので注意
□	⑦ たまはる（賜る）	いただく
□	⑧ たまふ（給ふ）	～です、～ます ＊下二段活用
□	⑨ つかうまつる（仕うまつる）	①お仕え申し上げる ②～申し上げる
□	⑩ はべり（侍り）	お仕えする、おそばに控える ＊丁寧語もあるので注意
□	⑪ まうす（申す）	①申し上げる ②～申し上げる
□	⑫ まうづ（詣づ）	参上する、参詣する
□	⑬ まかづ	退出する
□	⑭ まかる	①退出する ②（「まかり＋動詞」）～ます
□	⑮ まゐらす（参らす）	①差し上げる ②～申し上げる
□	⑯ まゐる（参る）	①参上する、参詣する ②差し上げる ③して差し上げる ＊尊敬語もあるので注意

共通テスト必修「掛詞」

チェック	掛詞	意味
□ 1	あかし	「明石」「明かし」
□ 2	あき	「秋」「飽き」
□ 3	あふ	「逢ふ」「逢坂」など
□ 4	うき	「浮き」「憂き」
□ 5	うら	「浦」「裏」「心《うら》」
□ 6	かる	「枯る」「離《か》る」
□ 7	きく	「聞く」「菊」
□ 8	ながめ	「長雨」「眺め」
□ 9	なかる	「流る」「泣かる」
□ 10	なき	「無き」「泣き」「鳴き」
□ 11	なみ	「波」「無み（＝無いので）」「涙」
□ 12	ひ	「恋ひ」「思ひ」「火」「日」
□ 13	ふる	「降る」「振る」「古る」「経る」
□ 14	ふみ	「踏み」「文」
□ 15	まつ	「松」「待つ」

共通テスト必修「枕詞」

チェック	枕詞	導かれる語
□ 1	あしひきの	山・峰
□ 2	あらたまの	年・月・日
□ 3	あをによし	奈良
□ 4	うつせみの	命
□ 5	くさまくら	旅
□ 6	たらちねの	母・親
□ 7	ちはやぶる	神
□ 8	ぬばたまの	黒・夜・闇
□ 9	ひさかたの	天《あめ》・空・光
□ 10	ももしきの	大宮（＝宮中）

おぼえ書き

おぼえ書き

渡辺　剛啓（わたなべ　たけひろ）

横浜出身。慶應義塾大学文学部国文学専攻卒業。駿台予備学校古文科講師。

駿台では、東大・北大・医系・早慶上智大コースなどを担当。鋭く要点を突いた丁寧かつ明快な講義が特徴で、首都圏校舎の教壇に立ちながら札幌校にも毎週出講するなど担当講座は大好評。サテネット講座『古典共通テスト対策』では全国に講義が配信され幅広い支持を獲得している。前著『最短10時間で9割とれる　センター古文のスゴ技』（KADOKAWA）はベストセラーとなり、多くの受験生から好評を博した。予備校業界屈指の名講師陣と謳われる駿台古文科の次代を担う講師といわれている。

最短《さいたん》10時間《じかん》で９割《わり》とれる　共通《きょうつう》テスト古文《こぶん》のスゴ技《わざ》

2020年11月20日　初版発行
2022年10月15日　８版発行

著者／渡辺《わたなべ》 剛啓《たけひろ》

発行者／青柳 昌行

発行／株式会社KADOKAWA
〒102-8177　東京都千代田区富士見2-13-3
電話　0570-002-301（ナビダイヤル）

印刷所／株式会社加藤文明社印刷所

●お問い合わせ
https://www.kadokawa.co.jp/（「お問い合わせ」へお進みください）
※内容によっては、お答えできない場合があります。
※サポートは日本国内のみとさせていただきます。
※Japanese text only

定価はカバーに表示してあります。

ISBN 978-4-04-604265-1　C7081